演劇入門

生きることは演じること

KOKAMI Shoji

a pilot of wisdom

はじめに

あなたが今、『演劇入門』という本を手に取ってくれた理由はなんでしょう。

演劇を始めようと思っているから？　よく演劇を見ていて、もっと深く演劇を知りたいと思ったから？　演劇をやっているけれど、よく分からなくて詳しく知りたいと思ったから？　演劇が自分の仕事に応用できないかと考えて？　それとも、このデジタル時代に演劇が残っていることが不思議でしょうがないから？

理由はともあれ、演劇に関して、僕が自信を持って言えることはひとつです。

それは、「演劇は楽しい」ということです。これだけは自信を持って断言できます。

演劇は楽しいです。見るのはもちろんですが、作品を創るのも、ちょっとだけやるのも、演劇的手法で遊ぶのも、ものすごく楽しいです。

プロだろうが、アマチュアだろうが、つまりは、学芸会や、趣味サークルや、地域の社会人劇団や、中学・高校・大学の演劇部やクラス演劇やさまざまな劇団など、いろんな演劇はものすごく楽しいものです。

それから、演劇的な手法を、授業やビジネスや治療に使うことも、予想を超えて楽しいです。

もちろん、楽しさの裏には苦しさやしんどさがありますが、でも、結果的には、間違いなく楽しいのです。

ということを伝えたくて、この本を書きました。


僕は、中学2年の時、演劇と出会いました。

僕の通っていた中学校では、週一回の「クラブ活動」を選ぶという授業がありました。

もともと、放課後は「部活動」として「ソフトテニス部（軟式庭球部）」に所属していました。

それとは別に、授業として週一回だけ好きな「クラブ活動」を選ぶというシステムでした。

今で言う「総合的な学習の時間」に近いでしょうか。地方都市の市立中学校が、どうしてそんな楽しいカリキュラムだったのか、今となっては分かりません。

とにかく、そこで僕は「演劇部」に参加しました。

練習の前に、演劇を語ってくれた中学3年生の先輩は、とても賢そうに見えて、僕は単純に感動しました。

ところが、その先輩が演技を始めた途端、印象はガラリと変わりました。

教室で、椅子や机をどけて舞台の代わりとして空けられた空間に立つ先輩は、なんというか、じつに貧弱な存在に見えました。

演技が下手ということではなく、迫力不足で、とても薄っぺらい身体《からだ》に感じてしまったのです。

それは、魔法が解けた瞬間のようでした。「熱いトーク」という魔法が消えた後、現れた貧弱な身体は、これが先輩の本来の姿だと感じられました。

別の先輩の場合は、まったく逆でした。

演劇に関する話は下手で、「この人、どうなんだろう」と失礼ながら思っていた先輩が、セリフを言いながら動き出した瞬間、ものすごく魅力的に感じたのです。

そのギャップは衝撃でした。

かっこよくてセクシーで、豊かな感情が伝わってくるようで、この人をもっと見ていたいと感じました。

これはいったいなんだ？　と中学2年生だった僕は思いました。

なぜ、こんなことが起こるのか？　これは演劇と関係があるのか？

別なケースもありました。

いつも自信満々に話すクラスメイトが演劇部に参加しました。テレビドラマや映画の感想も、

「自分の見方が正解」という風に語りました。その姿を見ながら、僕はずっと違和感を持っていましたが、それが何か分かりませんでした。

いつものように、自信満々に話した後、彼は演技を始めました。

20人ほどの部員に見つめられながら、舞台となった空間で演技している彼を見て、僕は思わず声を上げそうになりました。

彼は、怯《おび》えていました。いえ、正確には、「怯えてはいけない」と怯えていました。

大勢の部員に見つめられながら、ぽつんと空いた空間の真ん中で、必死に演技をすればするほど、彼の「怯え」はひりひりと伝わってきました。

ずっと感じていた違和感は、これだったのかと、僕は納得しました。

彼は、日常では必死に「自信満々の自分」を演じている。日常のレベルでは、それはごまかせても、人前で演技をする時には、こんなにも無残にそして鮮やかに、彼の「怯え」は伝わるんだ。

非難しているわけでも批判しているわけでもなく、ただ素直にそう感じられました。

何度も、中学校の演劇部でそんな変化を目撃するうちに、これは演劇というものが持っている力なんじゃないかと考えるようになりました。

どうも、演劇には人間を一皮剝《む》く力があるんじゃないか。その人の隠れていた本質を引き出したり、拡大したり、あらわにする能力があるんじゃないか――そう考えて、僕はいきなり、演劇というメディアに夢中になりました。

どうして演劇にはそんな力があるんだろう。その秘密を知りたいと熱望しました。

それが、僕の「演劇の旅」の始まりでした。中学2年生から始めて、もう45年ほどがたちました。

そのうち、35年ほどはプロとして演劇を追究しています。

いまだに、演劇の秘密を解明したとは言えません。まだまだ、分からないことだらけです。

けれども、ここらへんで、中間報告をしてみようかという気持ちになりました。

どうしてそんな気持ちになったのか、いくつか理由があります。

ひとつは、演劇を知っていると、生活に役立つことが多いということを伝えたいと思ったからです。

後から詳しく説明しますが、演劇は劇場にだけあるものではありません。

あなたがいて、目の前にもう一人の人間がいれば、またはいると思えば、そこに演劇は生まれるのです。

もし、あなたが目の前にいる人に何かを伝えたいとか、コミュニケートしたいとか思ったとしたら、演劇のテクニックや考え方、感性は間違いなく役に立つでしょう。

また、演劇は、いろんな可能性があるのに、日本ではまだまだ理解されてない、というのも、この本を書いた動機です。

日本は世界に誇る能や狂言、歌舞伎の伝統を持つ国ですが、演劇そのものへの関心は、観客数や文化予算、教育的利用などの面から見ても、欧米に比べれば残念ながら低いのです。

学校でも、教科としては、「音楽」や「美術」はあるのに、「演劇」はありません。

中学教育では、「ダンス」と「武道」は必修になりましたが、小・中・高の国語の教科書からは、どんどん「戯曲」という「演劇の台本」が消えていきました。

新型コロナが蔓延《まんえん》した時、演劇人が政府の「自粛要請」に対して「休業補償」を求めました。

僕もテレビやネットで発信しましたが、激しい中傷や悪口をたくさん受けました。それには、演劇というものは特権階級がやっていて、自分達とは何の関係もないもので、好きなことやっている奴《やつ》が失業したり倒産するのは当然なのだ、という意見がたくさんありました。

僕はひとつひとつの意見に心が折れながら、これはそもそも演劇が多くの人から遠いものだから言われているんじゃないかと考えていました。

演劇と人々の距離に哀《かな》しい気持ちになったのです。

いいえ、希望もあります。

本やCDなどの売り上げが毎年、落ち続けている中、ライブ・パフォーマンスの観客は、世界的に伸び続けています。日本では、2019年までの20年で、観客数も公演数も約3倍になったというデータがあります。

人々は、ライブで生身の人間を見たいのだと思います。人が同じ空間で生身の人間を見ること。それは間違いなく演劇です（もちろん、ライブ・パフォーマンスには、音楽系のコンサートも含みます。観客は、音楽系も演劇系もイベント系も増えているのです）。

もっともっと、人々が演劇に親しむきっかけになればいいなと思って、この本を書きました。

『演劇入門』ですから、各論に深入りはできませんが、演劇全般、演技、演劇的知識、演劇的手法、演劇教育などを楽しく伝えたいと思います。

でも、一番、伝えたいことは、演劇は心や身体が震えるほど楽しいんだということです。

それでは、演劇の旅を始めましょう。

目次

図版作成／ＭＯＴＨＥＲ

第一章　演劇とは何か？

▼ピーター・ブルックの言葉

『演劇入門』ですから、まずは、「演劇とは何か?」ということから始めるのがいいでしょう。

『広辞苑』では、「作者の仕組んだ筋書(戯曲・台本)にもとづき、俳優(演者)が舞台の上で言葉(台詞《せりふ》)・動作によって物語・人物また思想・感情などを表現して観客に見せる総合芸術」と書かれています。

これがまあ、一般的な「演劇」の説明ですね。

じゃあ、「僕はどう考えるのか」を書こうと思うのですが、じつは、この言葉を無視しては何も語れないというものがあります。

ピーター・ブルックという世界的に有名な演出家の定義です。

彼の著作『なにもない空間』(晶文社)では、冒頭、こう書かれています。

「どこでもいい、なにもない空間——それを指して、わたしは裸の舞台と呼ぼう。ひとりの人間がこのなにもない空間を歩いて横切る、もうひとりの人間がそれを見つめる——演劇行為が成り立つためには、これだけで足りるはずだ」

どうですか? 驚くほどシンプルでしょう?

演劇が成立するためには、行為する人一人と、それを見る人一人がいればいいと言ったのです。

僕はこの文章に、19歳、早稲田大学の演劇研究会に入会した時に出会い、感動しました。

この定義が素敵なのは、演劇を自由にしたことだと思います。

文化やアートのフィールドで、何かを定義して、窮屈になったり不自由になるのなら、その定義はろくなもんじゃないと僕は思います。

実際に、演劇を始めようとした人が、「台本はどうしよう？　装置は？　照明は？　音響は？　衣装は？　稽古場は？　そもそも、劇場はどうやったら借りられるんだろう？　宣伝のためには、フライヤー（チラシ）もいるのかなあ？」と悩むのは珍しいことではありません。

そういう時、「そんなことはどうでもいい。演劇は、ただ、一人の人間がいて何かをして、そしてもう一人の人間がそれを見つめるだけで成立するんだ。それが演劇なんだ」とピーター・ブルックは言い放ったのです。

▼演劇とは、俳優と観客である

僕は22歳で『第三舞台』という劇団を旗揚げしました。この時には、本当にいろいろと障害というか試練があったのですが、いつも、頭の中には、ピーター・ブルックの演劇の定義がありました。そして、勇気づけられました。

装置がなくても全然平気、照明はスマホの明かりでもいいし蛍光灯でもいいし、衣装は自分の好きな服でもいいし、稽古場がなければ公園でもどこでもいい、劇場がなければ道でも喫茶店でも広場でもどこでもいい。ただ人間がいればいい。そして、それを見つめる人間がいればいい。それが演劇なんだと。

と書きながら、僕は演出家であり劇作家です。ピーター・ブルックの定義を具体的に言えば、演劇は一人の俳優と一人の観客がいれば成立する、ということになります。演出家も劇作家も必要ありません。

それでも僕は、劇団を旗揚げする時、少しも悲しいという気持ちにはなりませんでした。演出家として、稽古場で一人の俳優の演技を見つめている瞬間が、すでに「演劇」なんだと思えたからです。

演出家は、「最初の観客」と言われることがあります。稽古場にいる「最初の観客」として納得できるものを創り、やがて観客席に座る人々に自信を持って手渡すことが演出家の仕事ということです。

そして、劇作家としては、俳優と観客の最高に素敵な出会いを書こうと思いました。俳優がやってよかったと思い、観客が見てよかったと思える出会いを作ろうと思ったのです。

ピーター・ブルックの定義が書かれた『なにもない空間』は、1968年に出版されたのですが、同じ年、ポーランド出身の世界的演出家、イェジュイ・グロトフスキは、『実験演劇論（テアトロ）』を出版し、その中で、「『それがなければ』演劇が存在できないものはなにか、ということが問われなければなりません」と書き、結論として、俳優なしでは演劇は存在しない、また、少なくとも一人の見物人がいないと演劇は存在しないから、「われわれは、演劇を『観客と俳優のあいだで起こるもの』と定義することができます。ほかのすべてのものは補足的なもの――必要ではありませんが、やはり補足的です」と書きました。

ピーター・ブルックの定義とまったく同じと言っていいでしょう。

演劇とは、俳優と観客である、ということを、世界的な演出家が共に語っていることが、とても面白いと思います。

▼スポーツは演劇なのか？

ただし、「一人が空間を横切り、もう一人がそれを見つめるのが演劇なら、観客が見るスポーツ大会の一〇〇メートル走も演劇なのか？」という疑問にぶつかる人もいるかもしれません。

厳密に言えば、横切る者は、その行動の目的や動機が虚構であると分かっていて、同時に、見ている者も、それを分かっていながら受け入れるという前提が必要です。

そして、横切る者、見る者がお互いの構造を理解しているという「意識の共通性」が必要になります。


例えば『走れメロス』（知っていると思いますが、知らなければググって下さい）の一シーンとして、親友セリヌンティウスの処刑を止めるために舞台をぐるぐると必死に走っているメロス役の俳優がいるとします。

「演劇」であるためには、それを見ている人が、彼の走っている理由が虚構（フィクション）だと理解していることが大前提です。

この点がスポーツ大会との違いです。スポーツ大会では、誰も自分の走りをフィクション、つまり現実ではないとは思っていません。全員が、勝つために本気で走っているのです。

そして、見ている人もそう思っています。

ですが、「演劇」の場合は、走っている俳優は、それが彼が生きる「本当の現実」だとは思っていません。彼はメロスではなく、メロスを演じる一俳優だと自分で分かっています。

そして、俳優は、フィクションだと分かりながら、真剣に走ろうとするのです。

また、それを見ている観客も、フィクションだと分かった上で感情移入します。なんとかメロスは親友が処刑される前に間に合って欲しいと、頭ではフィクションと分かっていながら、熱望するのです。

そして、走る者、見る者が、お互いに、「フィクションでありながら、受け入れる」という構造を理解していることが大切なのです。

それが「意識の共通性」ということです。

もし、この時、見ている人が「がんばれ！」と叫んだとします。

フィクションと分かった上で、思わず、興奮して声が出たとしたら、それは演劇における観客の声です。

でも、見ている人が、目の前で起こっていることが本当のことだと思って彼に駆け寄り、走っている彼を引き止め、自分の持っていたペットボトルを差し出したとしたら、二人の関係は演劇ではなくなります。

見る者が、それをフィクションと思わず、「横切る者、見る者がお互いの構造を理解しているという意識の共通性」がなくなるからです。

駆け寄った人が水を飲ませようとした時、俳優が「何するんですか！」と叫べば、演劇ではなく、事故や事件になります。

もし、俳優が必死になって、「ありがとうございます。でも、飲んでいる時間はないのです。親友を助けなければ」と演技を続けたとしても、水を飲ませようとしている人にとっては、それは演劇ではなく、親切とか人助けになります。

俳優の必死のアドリブは、演技ではありますが、受け止められることのないただの独り言になります。（ただし、この「俳優がアドリブを続けた状態」は興味深いので後述します）

この場に、メロス役の俳優と駆け寄った人の二人しかいなければ、演劇は完全に消えるとして、説明を続けます。

ただし、この場に、俳優と駆け寄った人以外に、見ている人がもう一人いて、俳優がやっていることが演技、つまり、フィクションだと分かって、このアドリブを見ていたとしたら、話はこんがらがって、がぜん、面白くなります。

水を飲ませようとしている人の周りから演劇は消えても、俳優と、このやりとりを見ているもう一人の人物との間では演劇は成立すると考えられるのです。

三人のうち二人は、お互いに虚構だと分かっていて、その構造を受け入れる「意識の共通性」があるからです。

▼寺山修司の「戸別訪問演劇」と「書簡演劇」

1975年、寺山修司氏が主宰する『演劇実験室・天井桟敷』は、市街劇『ノック』という作品を東京都杉並区阿佐ヶ谷で上演しました。

上演時間は、4月19日午後3時から、4月20日午後9時までの30時間。

新宿駅東口に集合した数百人の観客は、ただ、阿佐ヶ谷周辺の地図を手渡され、その地図だけを手がかりに、街の中を劇を探して歩き回りました。

街のあちこちで上演された『ノック』の19本の作品のうち、「戸別訪問演劇」と分類された演劇がありました。

車椅子に乗った全身包帯のミイラ男が、団地のドアをノックするというものです。

もちろん、事前のアポイントはありません。いきなり、ノックします。

実際に、ドアを開けた女性は、目の前の車椅子に座るミイラ男に驚き、警察に通報しました。

「怪人　夕やみのノック　団地夫人が仰天」という新聞記事になり、大騒ぎになりました。

「戸別訪問演劇」と名付けられていますが、もしこの時、ドアを開けて驚く女性と、車椅子に座るミイラ男の二人しかいなければ、「演劇は成立しているのか？」という疑問が浮かびます。

今までの理解で言えば、これは演劇ではありません。

ミイラ男はあきらかに「市街劇」として自分に与えられた役割を演じようとしていますが、団地の女性にとっては、目の前にいるミイラ男はフィクションではなく、リアルです。

ただし、上演時は、車椅子に座るミイラ男の後ろには、何十人という二人を見つめる人達がいました。そう、観客です。

観客達は、街を歩き、ミイラ男を見つけ、そのまま、後をついてきたのです。

そして、ノックにドアを開け、ミイラ男を見て事情が分からず驚愕《きょうがく》している主婦を見ています。

この時、ミイラ男と観客達の間では、演劇は成立すると言えます。戸惑い、怯える女性を媒介とする、かなり残酷な演劇と言えるかもしれません。（テレビ業界で根強いコンテンツの「ドッキリ」というのも同じ手法でしょう。一人だけがリアルだと思い込み、それ以外の人達とテレビの視聴者は全員、フィクションと知っていて楽しむという構図です）

この市街劇について、『演劇実験室・天井桟敷』は、後日、社会的な抗議を受けて、「朝日新聞」にこう書きました。

「市街劇においては、俳優と観客とはあくまでも一つの媒介にすぎず、その主役は『市民』なのである。私たちが、市街劇を企図するとき、主役である地域市民の平凡な日常現実の中に、異物を持ちこみ、疑問符をさしはさみ、『あなたの平穏無事とは一体何なのか？』と問いかけることなのであるから、市民がまき込まれることは、当然の成り行きなのであった」

どうですか？　あなたはまき込まれたいですか？　ノックされたドアを開けた時、そこに異物があることを期待しますか？

▼意識の共通性

『ノック』では、「書簡演劇」というものも上演されました。

古今東西の名戯曲31作品を紹介した拙著『名セリフ！』（ちくま文庫）で紹介しましたが、以下のようなものです。

「ある日、ある地域の五十世帯に次のような通知がとどく。

『あなたの遺失物を預っております。お返ししますので、印鑑とこの葉書を持参の上、左記に取りにいらして下さい。

昭和五十年四月二十日（日）午後一時　　杉並区都立善福寺公園内

ゴミ焼却所横仮派出所

遺失物収容所

返却課』

身に覚えのない人々が、それを受け取りに善福寺公園内の所定の場所へ集まってくると、そこには誰もいなくて、ただ机と椅子が陽《ひ》にあたっているだけである。

集まってきた人たちは、そこではじめて、『遺失物』について考える」

これが「書簡演劇」です。

住所と日付を変えれば、今でも繰り返し上演は可能でしょう。

寺山氏は「書簡演劇」について、「人はだれでも、自分の失《な》くしたものについて考える時間を失くしている。この劇は、自宅から数分間、歩きながら遺失物について考える人々が登場人物となる、台詞のないモノローグドラマである」と説明しています。

新宿駅東口で観客に配られた地図には、杉並区の善福寺川に沿って「遺失物受とり（ママ）10分間の心の旅路」という文字と矢印が書かれ、その先に「何も起らない焼却炉」という文字と小さな絵が描かれています。

じつは、実際の上演では、4月20日前に、葉書を受け取った何人かが杉並区役所に問い合わせたそうです。寺山さんが想像する「自分は何を失くしたんだろう」と真面目に考える人ほど不安で、待ちきれなかったのです。

区役所の返事は、「返却課」というものは存在しない、イタズラであろうというものでした。

どうですか？　あなたがもし、この葉書を受け取ったとしたら、あなたは自分の「遺失物」について考えるでしょうか？　それとも、無視しますか？

寺山氏の言葉を受け入れて、当日、葉書を持ってやってきた人がいたとしたら、登場人物、つまり舞台を「横切る者」になります。

では、それを「見る者」はどこにいるのでしょうか。

実際には、この葉書は『ノック』が上演される前に配られましたから、当日、参加した観客達は、何が起こっているか分かりませんでした。

それが、ミイラ男の「戸別訪問演劇」との違いです。ミイラ男を見る人達は、それが俳優によって演じられ、暴力的に日常生活に「ノック」という形で侵入していく異物だと、その姿から理解しました。

善福寺公園に集まった観客が、焼却炉の横にある机や、そこに集まった人達を見たとしても、何が起こっているのか、事情が分かりません。「意識の共通性」がない、ということです。

もし、事情を知っているスタッフが遠くから「誰か来るかな?」と見つめていたとしても、残念ながら、葉書を持ってきた人と「意識の共通性」はありません。

もし、複数のスタッフが隠れていて、集まった人達を見れば、スタッフ同士には「意識の共通性」が生まれます。ミイラ男の後ろにただスタッフだけがいる、という状況です。

スタッフも観客であり、この演劇はスタッフを満足させることだ、と強弁すれば演劇として成立しますが、あまり面白くないと思います。自己満足という言葉も浮かびます。

僕は、この「書簡演劇」が演劇としてちゃんと成立するケースがひとつだけあると思っています。

それは、今、あなたが、「書簡演劇」に興味を持ち、深くイメージすることから始まります。「どんな人が集まったんだろう」「何を失くしたと考えたんだろう」と夢想した時、あなたは上演から数十年後に、空想の中で、「見る人」になるのです。

そして、「書簡演劇」に興味を持ち、できれば立ち会いたかったとか、参加してみたかったと思うのは自分だけではない、という確信が、「見る人」は私だけではない、他にも「見る人」はいるだろうという確信につながります。

その結果、あなたの想定した「見る人」達とあなたの間には「意識の共通性」が生まれるのです。

ミイラ男の後ろには、あなたと、あなたが想定した多くの「書簡演劇に興味を持った人」が続くのです。その一人はもちろん、寺山修司氏です。

最も重要なことは、あなたが強烈に想像するためには、この「書簡演劇」は実際に上演されなければいけなかったということです。

１９７５年４月20日午後１時に、「書簡演劇」は実際に上演され、人を待つ机と椅子が善福寺公園に置かれていたという事実は、私達の想像力を強烈に刺激します。

実際に上演された事実があるからこそ、「書簡演劇」があなたの想像の中で演劇になるのです。

実際の上演がなければ、ただの「詩的なアイデア」で終わっていただろうと思います。

もうひとつ、踏み込んだ上演もあります。

あなたが激しく「書簡演劇」について考え、数十年前の公園に来た人を想像するうちに、もし「自分に葉書が来たら、行くだろうか」「自分は何を失くしたと思うだろう」と、自分のこととして想像を始めたとしたら——その時、あなたは空想の中で、「見る人」でありながら、同時に「横切る人」にもなるのです。

強烈に想像することで、一人の人間が「見る人」と「横切る人」に分裂し、両者に「意識の共通性」が生まれれば、「書簡演劇」は他の「見る人」を想定しなくても、あなた一人のイメージの中で演劇として成立するのです。


と書きながら、話はますます楽しい方向にこんがらがってきます。

「書簡演劇」は、二つのレベルで演劇になりました。

ひとつは、あなたが他の「見る人」を想定し、その人達との「意識の共通性」を感じた場合

です。（これをレベル1としましょう）

もうひとつは、あなたの中で、つまり同一人物の中で、「見る人」と「横切る人」が分裂し、両者の間で「意識の共通性」を感じた場合です。（これはレベル2とします）

これを、前述した『走れメロス』の中の「俳優がアドリブを続けた状態」に適用するとどうなるでしょうか。

メロス役の俳優が必死に演技をしている時に、それを本気の行動だと思った人物が駆け寄り、水を飲ませた場合です。

この時、他に誰もいないのに、その俳優は、「ありがとうございます。でも、飲んでいる時間はないのです。親友を助けなければ」とアドリブを続けたとします。

今までの理解だと、見る人が本気だと誤解し、駆け寄った時点で、演劇は消えると定義されました。

ですが、この俳優がここにはいない観客をはっきりと意識し、まだ見ぬ観客に向かって、必死にアドリブを続けているのだとしたら、それは「書簡演劇」の「レベル1」の上演と同じになります。

アドリブを語っている俳優の中では演劇は成立している、ということです。

▼「見る人」を想定する

こんな例の方が分かりやすいでしょうか。

毎日、一人芝居の練習をしている俳優がいる。通常は、演出家が一人、それを見ている。毎日、一対一で練習を続けていたが、ある日、演出家が用事で来られなくなった。しょうがないので、俳優は、一人しかいない稽古場で、いつものように演技を始める。一人しかいないけれど、俳優の頭の中には演出家がいて、さらには、やがて出会うであろう観客もいる。

2時間そうして過ごした後、「何をしていたのか？」と誰かに問われたら、たぶん、多くの人は、「演劇をしていた」「演劇の時間だった」と答えるはずです。

日本を代表する不条理演劇の作家、別役実《べつやくみのる》氏は、演劇の定義を以下のように書きます。

「ある空間を設定し、その前に観客の眼を想定し、その空間においてどのように身を構えるかと考えた時、我々の『演劇』ははじまっているのである」（『別役実の演劇教室 舞台を遊ぶ』白水社）

つまりは、「見る人」が実在しているかどうかではなく、「見る人」を想定できているかどうか、が重要だということです。

この定義は、「書簡演劇」のレベル1と同じ意味です。

『走れメロス』で、たった一人、アドリブを続ける俳優や、演出家が不在のまま一人芝居の練習を続ける俳優の行為は、まさに演劇である、と言えるのです。

ということは、もっと空想を広げると、例えば、こんな場合も想定できます。

僕は『リラックスのレッスン』（大和書房）という、緊張しない・あがらない方法をいろいろと書いた本の中で「緊張する面接の時は、ドアを開ける前に、『ショートコント面接！』と心の中で叫ぶといい」と書きました。

「ただし、『コント』とつけてしまうと、『笑いを取らないといけない』というプレッシャーになるかもしれないので、『一幕一場、面接』とか『シーン1　プレゼン』とかでもいいと思います。

要は、『演じている』という意識を入れることで、精神的な距離を作り、焦りを減らすのです」

……これは、緊張でガチガチになった心を、「演じているんだ」という意識を持つことで余裕を持ってほぐそうというアドバイスです。

が、この状況、「一幕一場、面接」と脳内で叫ぶことは、今までの定義をあてはめると、演劇だと言えるのです。

頭の中で「今、自分は面接の演技をしているんだ。目の前にいるのは観客なんだ。いや、目の前の三人の面接官以外にも、空想の観客はたくさんいるんだ」と思うだけで、演劇は成立する、ということです。

とすれば、一人部屋の中で、将来のスターを夢見て、目の前にまだ見ぬ熱狂する観客をイメージしながら熱唱する少年少女の時間は演劇になるし、一人で料理を作りながら、まるで料理番組に出ているかのように観客を想定して説明を続ける大人の風景も演劇になるのです。

また、空想が強烈になると「書簡演劇」のレベル2と同じ状態になります。

一人で面接のシミュレーションをしている時、まだ見ぬ面接官を想定している時は、レベル1ですが、あんまりうまくいかなくて、だんだんと自分で自分にダメを出すようになり、自己嫌悪と共に自分の中に厳しい面接官をイメージした時には、レベル2の状態になります。

あなたは二人に分裂し、「応募者」と「面接官」、つまり、「横切る人」と「見る人」に分かれるのです。

▼人間は演じる存在

さらにこんな風にも考えられます。

私達は、日に何度も自分の役割を変えます。

朝、「母親・父親」として子供に接した後、働いていれば職場に行って「ビジネスパーソン」になり、会話をすれば「上司・同僚・部下」になり、仕事の後、友人と会えば「友達」になり、家に帰る途中でご近所さんに会えば「近所の住民」になります。

どれが、「本当の自分」だと問いかけることは意味がないと、多くの人は思うはずです。

子供に対しての言葉や態度と、取引先の人に対する言葉や態度が違うのは当たり前です。

どれもが「本当の自分」であり、どんな人にも通じる「唯一の自分」があると考える方が不自然でしょう。

役割と書きましたが、まさに役です。私達は一日の中でいろんな役を演じているのです。

子供もまた、親の前では「子供」として振る舞い、学校に行けば「クラスメイト」になり、親しい仲間の前では「親友」になり、教師の前では「生徒」になり、バイト先では「社会人見習い」になり、好きな人の前では、「恋するドキドキ」になります。

「本当の自分はなんだ?」と悩んでいる場合ではないのです。

つまり、人間は、演じる存在なのです。

その場その場で、必要な自分、求められている自分、生き延びやすい自分、効果的な自分を選ぶのです。

意識して演じる時もあるでしょう。無意識の時もあるでしょう。

どの場合でも、私達は「横切る人」つまり「俳優」です。そして、同時に、「こんな風に振る舞うことが求められているんだ」「こうすると受け入れられると思う」と、状況を想定します。実際に人からそう求められることもありますが、そういう人がいてもいなくても、「見る人＝観客」を想像して、私達は振る舞うのです。

これは、まさに演劇そのものです。

▼私達の人生は演劇そのもの

もっと分かりやすい場合もあります。

例えば、新入社員として入社の挨拶《あいさつ》を職場でしている時、新入社員自身は「新入社員」という役（割）を演じていると意識しています。

同時に、それを聞いている会社の人達は、目の前の人物が「新入社員」という役（割）を演じているんだということを知っています。

お互いに、今、新入社員として振る舞っているという「意識の共通性」があるのです。

これはまさに、演劇を厳密に定義した「横切る者は、その行動の目的や動機が虚構であると分かっていて、同時に、見ている者も、それを分かっていながら受け入れるという前提」と「横切る者、見る者がお互いの構造を理解しているという『意識の共通性』」と相似形です。

新入社員は、虚構ではないと思われるかもしれませんが、例えば新入社員が「山田一郎」という人物だとして、山田一郎は新入社員であることがすべてではありません。

新入社員であるというのは、山田一郎の属性の一部でしかありません。

前述したように、私達はいろんな場面で役を演じます。固定した立場ではなく、結果として人格も変化します。

新入社員としてガチガチに緊張し、一日、新入社員として振る舞った山田一郎は、その夜、友達との飲み会で、新入社員としての初日を振り返り、新入社員とは違う言葉や行動で友人達と盛り上がるでしょう。

その時、新入社員として振る舞った時間を「虚構」と言っても完全には間違っていないでしょう。

と言って、嘘《うそ》をついているわけではありません。新入社員として振る舞っている時、山田一郎は真剣です。

それは、俳優が『走れメロス』のメロス役を演じている時、真剣であるということと同じです。

俳優は嘘をついているのではありません。演劇的虚構は、嘘とは違うのです。メロスという役を演じながら、本気でセリヌンティウスを助けたいと思っているのです。

山田一郎は、新入社員という役を演じながら、本気で「この会社でうまくやりたい」「出世したい」と思っているのです。

なんのことはない、私達の人生は演劇そのものだということです。

これが、デジタル時代になっても、アナログの典型のような演劇が生き延びている理由ではないかと僕は思っています。

2500年以上前のギリシア演劇から（日本はその時、まだ縄文時代の終わりか弥生時代の初め頃でしたが）、演劇がずっと続いているのは、そもそも、私達が「演劇的な構造」に生きているからだということです。

さて、演劇の定義をピーター・ブルックの言葉から始めて、ここまで来ました。

演劇はあなたや私の人生そのものである、という結論です。『演劇入門』は『人生入門』だということです。

だからこそ、演劇の知恵や演劇的手法は、そのまま、人生にも有効に活用できるのです。

ただし、あまりに大きな結論なので、もっと詳しく説明する必要があります。

さらに「演劇とは何か？」というアプローチを続けましょう。

▼世阿弥《ぜあみ》による定義

日本を代表する演劇人、15世紀初頭、今から約600年前に能楽師として活躍した世阿弥の言葉を紹介します。

彼が書いた『風姿花伝』では、演劇を以下のように定義しています。

「抑《そもそも》、芸能とは、諸人の心を和《やわら》げて、上下の感《かん》をなさむ事、寿福増長の基《もとい》、遐齢延年《かれいえんねん》の法なるべし」

（いったい芸能とは、多くの人々の心を楽しませ、貴賤《きせん》の別なく感動をあたえるもので、社会と一身の、幸福を増進し、長く繁栄をもたらす方法なのである）（『世阿弥』責任編集 山崎正和 中央公論社）

世阿弥は、演者（俳優）だけではなく、一座をまとめるプロデューサー的視点と、演出家的俯瞰《ふかん》の視点から演劇（芸能）を語る必要があったのだと思います。

「演劇（芸能）とは何なのか?」という問いに対して、俳優（演者）としてだけではなく、制作者としての視点、演出家としての視点を含めた定義だと感じます。

制作的な視点から演劇を語るのも、また、重要な演劇の定義です。

コロナ禍が始まった時「『出血』する演劇人を、どうか守ってほしい」というタイトルで、『劇団四季』の吉田智誉樹《ちよき》社長の寄稿文が２０２０年4月28日に読売新聞オンラインに載りました。

中止した公演への金銭的支援や公演実施可能な条件「ガイドライン」を求めるものでしたが、そもそも演劇をどう考えているかというプロデューサー的視点の文章が感動的でした。

一部、引用します。

「（筆者註：劇団創立者の）浅利（筆者註：慶太）は、敬愛したジャン・ジロドゥのパートナーだった演出家のルイ・ジュヴェの言葉、『恥ずべき崇高さ、偉大なる屈辱』を座右の銘としていた。それは次のような内容だ。

演劇ほど色々な問題に溢《あふ》れているものはない。芸術的なことから、経済面までありとあらゆる問題を抱えている。それにもかかわらず、本質的な問題はたった一つしかない。それは『当たり』の問題だ。今日の劇場の賑《にぎ》わいがなければ、我々芝居者は主演俳優から裏方の一人まで生きていくことはできない。したがって、当たりを取るためには、時に時代の流行に身を屈さねばならないこともある。『恥ずべき崇高さ、偉大なる屈辱』―ここに我々の職業の秘密を解く全ての鍵がある―」

僕は、ここまで「演劇」のひとつの側面を苦悩と決意のもとに書いた文章を読んだことがありません。

「本質的な問題はたった一つしかない。それは『当たり』の問題だ」この言葉には、きっぱりとした清々《すがすが》しささえ感じます。

吉田社長の文章は続きます。

「崇高な思いだけでは観客は集まらない。演劇には、恥に塗《まみ》れるような観客獲得の努力が必要になる。或《ある》いはその時に屈辱を感じることがあるかもしれないが、これも偉大な芸術家の行為なのだということか。健全な社会の良識と民力を信じ、真摯《しんし》に向き合い、寄り添いながら芸術を営む決意ともいえる」

ピーター・ブルックやグロトフスキの定義で言えば、「横切る人＝俳優」も大切だけれど、それを「見る人＝観客」を獲得することも絶対に重要だということです。

世阿弥の「社会と一身の幸福を増進し、長く繁栄をもたらす方法」というのは、俳優自身だけではなく、観客の大切さを語っていると言えます。

それでは、さらに別の方向から演劇にアプローチしてみましょう。

演劇と他のメディアの違いを確認することは、「演劇とは何か？」ということを明確にする、またひとつの方法だと言えるのです。

第二章　映像との違い

▼「演劇」と「映像」はどう違うのか？

「横切る者」と「見る者」、つまり「俳優」と「観客」が演劇にとって必要不可欠だとしたら、映像（映画やテレビ、ネットドラマ、YouTube）とは何が違うのだろうという疑問が浮かぶかもしれません。

映像もまた、スクリーンや画面に「横切る者」が映り、それを「見る者」がいます。

それだけを考えると、同じ構造のはずじゃないかという疑問です。

例えば、生まれて初めて見た映画がつまらなくても、人はまた映画を見ます。「生まれて初めて見た映画がつまらなかったから、映画は見ない」と言っている人に僕は会ったことがありません。

でも、「生まれて初めて見た演劇がつまらなかったから、演劇は見ない」と答える人はいます。「演劇は嫌い」という人に、「どうしてですか？」と聞いて返ってくる答えです。

その演劇は、残念なことに、小・中・高校の授業で強制的に見せられたとか、つきあいで行きたくなかったのに断れなかった、なんて場合が多いです。

人生で初めて見た演劇がつまらないと、多くの人は、演劇を見なくなるのです。

どうして映画と違って、演劇ではこんなことが起こるのでしょうか。

論理的に考えれば、答えはひとつです。

「つまらない演劇は、つまらない映画より、何倍もつまらないインパクトがある」からです。

目の前で生身の人間が、理解できないつまらないことを一生懸命している——その苦しさ、退屈さ、気詰まり感、抑圧は、映画の何倍、何十倍という強烈さなのでしょう。

だから、もう二度とこんな経験はしたくないと思うのだと思います。

ということは、逆に言えば、「本当に面白い演劇を見たら、そのインパクトは、本当に面白い映画の何倍にもなる」と考えられるのです。

もちろん、これは演劇が映画よりメディアとして優れている、なんてことを言いたいのではありません。迫力は長所であり、短所でもあります。

僕は以前、映画が大好きという人が「演劇は、生々し過ぎて苦手です。目の前で人間が感情を爆発させて、叫んだり、葛藤《かっとう》したりするのを見るのは、インパクトがあり過ぎて」と話すのを聞いて、それも理解できると思いました。

特に、客席数が100人前後とかの小劇場になると、客席にいても、そのインパクトは、当事者として立ち会っているかのような迫力です。その感覚が好きだという人と、それは嫌だという人に分かれるでしょう。

どうして演劇には、そんなにインパクトが生まれるのか？

それは、演じている俳優と観客が同じ空間にいるからだと、僕は考えています。

同じ空間に存在するということは、さまざまなことを意識的にも無意識的にも共有・体験することです。

新型コロナの影響で、ネット会議が盛んになりました。同じ空間でつまらない会議に参加しているより、画面を見ながらつまらない会議に参加している方がまだ、苦痛が少ない、という譬《たと》えが分かりやすいでしょうか。

映画は、ものすごくつまらなくても、二次元の映像ですから、直接はつながってないという感覚が、観客に対してのインパクトを薄めるのだと思います。

だからこそ、才能ある映画監督や映像作家、ディレクター達は、二次元であるということを分かった上で、強烈な生々しさやインパクトを出そうとして、カメラワークを駆使してアングルやカット割、編集に工夫を凝らすのです。

どういうことかを説明するためには、映像と演劇の演技の違いを話すのがいいでしょう。

▼演技の違い

ここにAという人物がいるとします。

Aは、例えば、とても美しかったりイケメンだったり、テレビのバラエティー番組によく出ていたり、ネットの有名人だったり、とにかく、なんらかの理由で非常に人気があります。

作品の大ヒットを期待されて、いよいよ、映像（テレビか映画かネットドラマ）で俳優デビューすることになりました。初めての演技ですが、なんと主役です。

若い教師の役にしましょうか。クライマックス、Aは退学になりそうな生徒を守るために、長いセリフを語ります。

言葉としては感動的な演説ですが、Aは演技の経験がまったくないので、うまく言えません。つっかえたり、モゴモゴ言ったり、過剰に力《りき》んだり、単調になったり、早口になったりしてしまいます。

Aはもちろんやる気はあります。演技に対する情熱はあるし、役として生徒を守りたいという気持ちに溢《あふ》れています。

ですが、それをちゃんと言葉にするには、「技術」が必要なのです。

「心の中で思ってさえいれば伝わる」というのは大きな誤解です。どんなに思いに溢れていても、それを伝えるためには日常生活でも演劇・映像でも、テクニックが必要です。演劇や映像では、それを「演技力」と言うのです。

Aはとても人気がありますが、「演技力」はありません。それはしょうがないことです。「演技力」は技術です。技術は、学び、経験を積んで、獲得していくものです。

サッカーの技術は、サッカーを学び、経験するからこそ向上するのです。演技もまた同じです。（詳しくは後述します）

さて、ここに優秀な監督・ディレクターがいるとします。（映画は監督、テレビや他の映像はディレクターと呼ばれます。演劇は演出家です。英語にすれば、全部、Director なんですが）

優秀ですから、Aには「演技力」がない、と嘆《なげ》いている場合じゃないと分かっています。

監督やディレクターの仕事は、作品を「成立」させることです。（作品の「成功」は興行成績や視聴率といったヒットを含みます。が、ヒットするかどうかは保証できないので、「成立」させることが大切なのです。「成立」とは、物語をちゃんと創り上げ、破綻《はたん》なく完成させる、というようなことです）

そのためには、「最後のAのセリフを説得力のある感動的なものにすること」が絶対に必要です。この言葉に説得力がないと、みんなが納得して、生徒の退学を取り消すという物語の結末が嘘になるからです。

そのために、ディレクターがしなければいけないことは、ぶっちゃけて言うと、「Aをうまい俳優に見せること」です。言葉に力があって、愛に溢れる教師だと、観客に感じさせることです。

でも、撮影場所である職員室のセットで聞くAのセリフには、何の力も説得力も感じられないとしたら――。

さて、どうするか？

優秀なディレクターは、まず、うまい共演者を集めて、Aの教師仲間として配役します。

マスコミ的には、こういう人達を「脇役」とか「バイプレイヤー（和製英語です）」と呼びますが、僕はあまり好きな言い方ではありません。

ベテランの俳優達は、「脇」どころか物語の中心を支える人達だからです。（英語では、Supporting Actor と呼びます。まさに、支える俳優です）

Aが演説を始めたら、それを聞いている教師達の顔を映します。いわゆる「リアクション・ショット」です。

真剣に耳を傾けている表情や、感動している顔、うんうんと納得している名優達のシーンを次々に重ねます。その表情のバックにAの「退学をさせてはいけません」という声が聞こえてくるのです。（専門用語では、「オフで聞こえてくる」と言います）

これでAのセリフの印象はずいぶん変わります。Aの言葉を聞いて、本当に感動している（と見える）ベテラン俳優達の演技に刺激されて、視聴者の感情まで動くのです。

そんなバカな、と思った人は、今度、映像作品を見る時、注意深く観察してみてください。

主人公以外の「リアクション・ショット」で、観客の感情を動かすのは、よく使われる手法です。

さらにAの言葉の説得力を増すために、Aの演説を職員室の窓の向こうでこっそり聞いている生徒達の表情もインサートします。

感動的なBGM（業界的には、「劇伴《げきばん》」と言います。劇の伴奏音楽です）は欠かせません。

さらに、当事者の生徒が退学処分を受けるきっかけになった事件の回想シーン（映画用語で「フラッシュバック」と言います）を、Aの言葉と共に流します。通常は、回想シーンのセリフは無音にして、聞こえてくるのは、BGMとAのセリフです。

この時、オフで聞こえてくるAのセリフが、どうしても弱ければ、後から声だけをスタジオで録音し直して、実際の演技の声と差し替えます。

さらに録《と》り直したセリフが物足りない場合は、編集で間をつめたり、逆に間を足したりします。声がか細ければ、機械的に音量を大きくし、滑舌《かつぜつ》（言葉のクリアさ）が悪ければ、ある程度はデジタル技術で明瞭にできます。

こうしてより説得力を増したセリフを、感動的な映像のバックに流すのです。

そして最後に、Aの「みなさん、分かって下さい！」と叫ぶ顔のアップに戻り、教師達が感激と共に拍手を始める光景が続けば、Aの演技には、トータルで説得力と感動が生まれ、作品は成立するのです。

これは映像でのことで、舞台ではこういった「技術」は使えません。

Aが舞台の上でセリフを言う時に、演劇の演出家としてできるのは、残念ですが、とても限られています。

音楽を流して感動的な雰囲気を作ろうとすることや、照明でAを明るく照らし、共演者をやや暗めにして視覚的にAを強調すること。舞台の中央正面にAを立たせて、客席に向かって話すように演出し、ベテラン俳優達はAの後ろ側に半円になってAを見ながら反応すること。

（客席から、Aの顔と教師達の顔が同時に見えます）

セリフを変えることが許されるのなら、長いセリフをカットしてうんと短くするとか、ベテラン俳優がたくさんしゃべって、Aが短く答える掛け合いにする。

せいぜい、これぐらいです。

映像だと、ベテランの共演者の顔だけを映すことができました。でも、演劇では、観客は話し続けるAの顔を嫌でも見てしまうでしょう。

結果として、ベテランの共演者と観客は、舞台と客席がつながったひとつの空間で、同時にAの言葉を聞きます。

同じ空間、同じ時間を共にすれば、声だけではなく、漂う空気を共演者も観客も身体全体で感じるのです。

この時、Ａの説得力のないセリフに対して、ベテランの共演者が「なるほど！」と感動した声を上げたとしたら、観客は、驚き、呆《あき》れ、場合によっては、笑い出すでしょう。

Ａのセリフになんの説得力もないことを観客は同じ空間で直接感じているからです。

同じ空間にいる限り、嘘はつけないのです。

それどころか「はじめに」で書いたように、舞台は、その人の本質をあらわにします。

Ａの弱さや戸惑い、混乱を観客にはっきりと見せつけるのです。

▼稽古の長さ

と、ここまで書くと、演劇は「俳優経験がない人が主役デビューする」という可能性がまったくないように感じられるかもしれません。
かなり可能性は低いですが、ひとつだけ、方法があります。
それは、幕が開く初日に向けて、充分に稽古する場合です。（もちろん、その役が主役なんだけどセリフが極端に少ないとか、日本に来た海外留学生で日本語が拙《つたな》い設定などの特別な場合は、それだけで成立するかもしれません）
映像に比べて、一般的に演劇は圧倒的に稽古時間が長いです。

通常、プロの演劇の稽古は一カ月から二カ月、週一の休みを取りながら、一日六時間から八時間、稽古を続けます。（平均ですから、例外もあります）

中学や高校の演劇部や働きながら参加する社会人劇団では、週に何回か、学校や仕事が終わった後と週末に数時間ずつ、何カ月もかけて稽古して、初日を迎えるのが平均でしょうか。

もちろん、もっと長く稽古する劇団や大学の演劇部も普通にあります（僕が作・演出をした『第三舞台』は、旗揚げ公演の時は、半年間、週六日、連日一〇時間、稽古を続けました）。一部の商業演劇のように、出演者がベテラン揃《ぞろ》いなので二週間の稽古で幕を開けるという方が少数でしょう。ちなみに、歌舞伎のお馴染《なじ》みの演目は、もっと短いようです。

映像では、撮影当日以外に本読みなどのリハーサル日を設けるのは、珍しいと言っていいでしょう。

九〇分から一二〇分ぐらいの長編作品なら、予算によって、数日から数週間、数カ月と撮影期間は決まります。

一カ月の撮影期間で九〇分の作品なら、一日約三分が撮影しなければならない作業量になります。

一般的な手順は、撮影当日、撮影する予定のシーンのリハーサルをします。何回か繰り返した後、監督がオッケーすれば撮影に入ります。監督が納得できなければ、予算が許す時間、リハーサル、つまり稽古は続きます。

政治家の役で、「いいですか！　自国通貨を発行する政府は、市場の供給能力を上限に、貨幣供給をして需要を拡大できるんです！　自国通貨建てでいくら国債を発行しても債務不履行《ふりこう》、つまりデフォルトにはならないんです！」なんてセリフがあったとします。

これが自然に口に出るようになるのは、かなり大変です。

観客が「無理して言ってない」とか「自分の言葉になっている」「説得力がある」と感じるレベルということです。

けれど、映像の場合、稽古できる時間は予算から決まります。一日に二〇分撮らないといけない作品の場合は、充分に練習している時間はありません。（だからこそ、映像では前述した、作品を成立させるさまざまなテクニックが使われるのです）

映像では、ほとんどの場合、こうした時間との戦いを続けながら、撮影終了のシーンを増やしていくのです。（黒澤明監督は、映像なのにリハーサルを一カ月も続けたりしましたが、幸福な時代の奇跡のような出来事です）

すべてのシーンで、俳優は数回稽古しただけで撮影を終えた、ということは普通にあります。

（俳優が一人で自宅でした練習を除いて、です）

けれど、演劇は、一、二カ月間、毎日、この政治家のセリフを稽古することが可能です。どうして自然に言えないのか、このセリフを自然に言うためにはどういう背景や知識を持てばいいのか、何回ぐらい言えば、口に馴染んでくるのか――そういうことを試行錯誤する時間が充分あるのです。

さらに、本番が30ステージあったとしたら、30回、観客の前で言うことで、ますます自然に言えるようになってくるのです。

演劇をよく知っている人なら、初日と千秋楽《せんしゅうらく》、つまり公演最終日の演技がまったく違っていた、ということを目撃したことがあるかもしれません。借り物のようだったセリフが、まさに本人の口から出る言葉として説得力を持つようになっていた、なんてことが起こるのです。

この演劇の「人間を変える力」が「教育としての演劇」につながっていくのですが、それは後述します。

▼俳優の感じた感情は、観客に伝わる

同じ空間にいるということをポジティブに言うと、「俳優の感じた感情は、観客に伝わる」ということです。

僕が演劇を信じているのは、この一点です。

俳優が必死になってセリフを言っている時は観客に何も伝わらず、セリフを言い終わった瞬間の「ホッとした感覚」がリアルに伝わる、というのは、未熟な俳優ではよくあるケースです。

ずっと例に出しているAが緊張している時、緊張は観客に伝わります。そこで、「俳優は緊張しているが、観客には説得力があるように伝わる」なんて奇跡は起こりません。けれど、セリフに自信を持ち、役の感情になって堂々とセリフを言う時、その自信やリラックス、そして役の感情は必ず伝わります。

「一幕一場、面接！」と心の中で言ってから、面接を受ける時、あなたが緊張していたら、その緊張は面接官に伝わります。でも、あなたが話しているうちにリラックスしたら、そのリラックスも面接官に伝わります。

それが、同じ空間に生きている、ということです。

映像はそれとイコールではありません。前述したように、ディレクターに技術があれば、俳優の緊張は隠せたり、弱めたり、ごまかしたりできます。

最近は、同じ舞台を生とDVDで両方見るという経験をする人が増えてきました。

大好きな舞台で、大好きな俳優が出ていて、生の舞台を見るのはもちろんなんだけど、それだけじゃなくて、舞台のDVDを買って繰り返し見るという人達です。

そういう経験をすると、舞台で見た印象と映像で見た印象が違う、ということを発見します。

生で見た時には緊張してあがっているように見えた人が映像では普通に見えたり、激しい感情が伝わってきた演技が映像ではそうでもなかったりします。

それは映像の特性で、映像は、感情の生々しさを、良い意味でも悪い意味でも弱めるのです。

舞台の稽古をしている時に、自分の演技を映像で撮って、後から見返すという人がいます。間違いなく、稽古場や劇場での演技より「冷たい演技」として映像には映ります。

感情の生々しさが薄れるので、弱く感じるのです。結果として、その映像を見て落ち込む人が多いので、僕はあまり信用しないようにと言います。

▼カメラの存在

さて、演劇と映像の演技の違いをずっと見てきました。じつは他にも演劇と映像には大きな違いがあります。

演劇とは、「観客」と「俳優」によって成立すると書きました。

それで言えば、映像は、「観客」と「俳優」と「カメラ」によって成立すると言えるでしょう。

「観客」と「俳優」の間に、「カメラ」が入ることで、いろんなことが演劇とは変わってきます。

例えば、あなたが演劇を見ようと思って劇場に入って、四〇〇席の客席で、あなた一人しか観客がいなかったとしたらどうですか？

たぶん、あなたはいたたまれない気持ちになると思います。

何人もの俳優はあなた一人に向かって演技をすることになりますから、あなたはかなりのプレッシャーを感じるでしょう。あくびしてはいけないとか、寝てはいけないと緊張するでしょう。

俳優達も、あなたの反応を気にすると思います。もし、あなたが寝てしまったら、俳優は演技を続けるかどうか戸惑うでしょう。

ですが、映画ではまったく関係ありません。

映画館に入って、四〇〇席のうち、あなた一人しか観客がいなくても、あなたは平気でしょう。普通に映画を楽しめるはずです。スクリーンに映る俳優も、観客の人数を気にしてないというか、知りようがありません。

つまり、演劇においては俳優と観客の関係は「インタラクティブ（双方向）」だということです。

20世紀の終わりから21世紀にかけて、コンピューター・ゲームにおけるインタラクティブということが話題になりました。

プレイヤーの選択によって、ストーリーが変わるという、RPG（ロール・プレイング・ゲーム）に人々が熱狂しました。日本だと、『ドラゴン・クエスト』シリーズや『ファイナル・ファンタジー』シリーズです。

僕も興奮しましたが、これらのゲームを評する「インタラクティブなシステムは人類の歴史の中で画期的なことだ」という言い方は、疑問でした。

演劇がそもそもインタラクティブだとずっと思っていたからです。

大昔の演劇の始まりから、サーカスなどの見せ物も、民衆相手の語り部も、音楽の演奏も、すべて、観客の反応が変われば俳優（演者）の演技や演奏も変わる、インタラクティブなシステムなのです。

観客がどんな反応を見せようと、俳優の演技がまったく変わらない、非インタラクティブな映像の方が、歴史的に見れば特殊なのです。

第三章　ライブであるということ

▼演劇はお客さんによって変わっていく

自分が作・演出をした作品が一カ月上演されて、計30回公演があるとすると、僕は演出家として、ほとんど全部のステージを見ます。内容をチェックして、俳優やスタッフに次回の指示を出すためです。

演出家になって、毎回、作品を見るようになって初めて、「一回一回、どれほど作品の印象が違うか」ということに驚きました。

一人、とてもよく笑うお客さんがいるだけで、芝居の雰囲気はガラリと変わります。他の観客もつられて笑いやすくなり、緊張していた俳優は、リラックスして演じられるようになります。

経験の少ない俳優や技術的に未熟な俳優が多く出ている舞台だと、演技の水準は驚くほど上がります。ベテラン俳優でも、まったく影響を受けない人は少ないです。

結果として、とても上質の舞台になるのです。

よく笑うお客さんは、まさか自分が作品にかなりの影響を与えているとは思ってないでしょう。でも、演劇はインタラクティブ（双方向）なメディアなのです。

もちろん、逆の場合もあります。

いつも笑いが起きている場所で誰も笑わなかったり、反応が薄かったり、あくびする客がいたり、私語が聞こえてきたりすると、俳優は、焦ったり力んだり空回りしがちです。ちゃんと演技しようと過剰に力が入って、役としてのリアルな感情を見失ってしまい、芝居の質が下がってしまうのです。

一般的に、観客全体が、とても軽い（笑いやすく、反応しやすく、感動しやすい）のは、一週間毎日公演があるとすると、土曜日の昼公演です。

観客全体が、休日の昼間に芝居を見られることを喜んで、積極的に楽しもうとしている雰囲気が劇場に満ちているのです。（日曜の昼公演より、土曜の夜公演よりも、です。30年ほど前は、土曜の夜公演が一番開放的でした）

観客全体が重い（笑いにくく、反応が少なく、心が動きにくい）のは、月曜日の夜の公演です。（月曜日が休演日の場合は、火曜日夜の公演です）

一週間の始まりに、観客全体が疲れていると感じます。これからの一週間を思って、憂鬱になるのでしょうか。

土曜日昼の公演と、月曜日夜の公演では、僕の実感からすると、まるで別の芝居のように感じる時があります。

大好きな俳優が出ているから、同じ芝居を十回以上見るという人が、「同じ芝居なのに、こんなに印象が違うんだ」と驚いている発言をSNSで見たりします。

もちろん、どんな観客を前にしても、稽古場で作り上げた演技を行うことが、俳優の仕事です。特にプロの俳優はそれが使命です。

ですが、ブレることはあります。俳優も人間ですから。その小さなブレが、ひとつの作品の中で積み重なって、芝居が変わるのです。

演劇はよく総合芸術だと言われます。映画は、あまり言われません。演劇には観客が参加するという条件が加わっているからじゃないかと僕は考えます。

さまざまなスタッフが参加するのは、演劇も映画も同じです。どんなスタッフが参加するかによって、内容が変わるのも同じです。優秀な照明のスタッフが参加すれば、演劇も映画も、光の状態は変わります。音響も衣装も同じです。

ただ、映画は、観客が変わっても内容は変わりません。もちろん、一人で見るか、仲間と見るか、などによって作品の印象は変わるでしょう。けれど、内容までは変わりません。映像は、どんな観客と出会っても、内容は変化しないのです。

けれど、演劇は変わります。

いい意味でも、悪い意味でも、演劇は観客によって内容が変わるのです。

▼舞台が育てるもの

演劇は「ライブ」だと言われます。「インタラクティブ」は、「ライブ」とはどういうことかを、より明確に定義した言葉です。

その瞬間、一回だけのパフォーマンスとして行われるということを、積極的に肯定的に考えれば、インタラクティブという特性が明確になるのです。

演劇がインタラクティブだということの一番の長所は、前述したように、観客とさまざまな形で対話が可能なことです。

観客に刺激されて、予想もつかなかった水準まで一定期間の公演中に芝居が成長するということは珍しいことではありません。

映像の演技だけをしてきた俳優が、初舞台を踏んだ時は、だいたい初日は、うんと力んで頑張って演技しようとします。

すると、観客は引きます。押しつけがましい言葉や感情に戸惑うのです。（人前で話したことがある人なら、「観客が引く」という感覚を体験したことがあると思います。具体的に、観客が身を引いていると感じるのです。極端な場合は、「サッ」という引く音さえ聞こえた気がする時もあります）

俳優は反省して、次の日は、押さない演技をします。あまり感情を強く出さない、抑えた演技をするのです。

すると、また観客は引きます。なんとなく物足りなくて、感情が届いてないと感じて戸惑うのです。

押し過ぎてもダメ、引き過ぎてもダメだと感じた俳優は、毎ステージ、試行錯誤を続けます。そして、自分にとっても観客にとってもちょうどいいバランスを見つけられた時、演技は成熟します。

劇場というインタラクティブな空間が、俳優を育てるのです。

また、舞台はカメラによる編集ができません。映像では、顔は決まっているけれど、足は震えている、なんてことがあります。けれど、カメラは顔だけを切り取ります。それでオッケーなのです。

映像の演技だけをしてきた俳優が、舞台の演技で手の位置が変だったり、足の形がおかしかったりすることはあります。意識が身体全体に届いてないのです。

舞台の演技では、それらひとつひとつを確認し、修正していく必要があるのです。俳優が育つのは当たり前なのです。

僕がプロを目指して劇団を始めた40年ほど前は、演劇はテレビや映画で仕事がなくなった人がやるもの、というイメージが一部にありました。

逆に言えば、プライドと熱意を持って芝居を創っていても、マスコミは、「舞台はテレビへのステップ」みたいなとらえ方をしていました。

劇団で演劇を始めたばかりの僕はそのことに対して、いつも怒っていました。

が、最近は、「俳優の演技を磨くには舞台が最適」とようやく理解されて、テレビの仕事と並行して舞台をやる「売れっ子俳優」が当たり前になってきました。

この意味では、舞台に対する理解が進んだのだと思います。

よく、舞台は俳優のもの、映画は監督のもの、テレビドラマはプロデューサーのもの（昔は脚本家のもの）と言われるのは、この理由です。

僕は演劇の演出家として、そう言われることに少しも不満はありません。それが演劇の素敵なシステムだと思っているのです。

「舞台は俳優を育てる」のですが、じつは、作家や演出家も育てます。

僕は22歳の時、『第三舞台』という劇団を旗揚げしました。稽古の時、「ここは、ちょっと退屈かな」とか「この流れは分かりにくいかな」と作家としても演出家としても思うところがありました。

けれど「いやいや、ここは作品には必要な部分だから」と考えて上演しました。

結果は、あきれるぐらい明確に出ました。

僕が稽古場で「退屈かな」と感じた場面では、観客はあちこちでモゾモゾとし始め、「分かりにくいかな」と思った場面では、客席の頭上に巨大なクエスチョンマークが見えるぐらいに観客の戸惑いを感じました。

「演劇は、こんなに自分の仕事の結果が明確に分かるのか！」と僕は驚きました。そして同時に「なんとかしなくては！」と思いました。

作家としては「この言い回しを少し変えてみよう」とか、演出家としては「このセリフの間をほんの少し長くしてくれない？」と俳優に頼みました。

もちろん、公演中なので、大幅なセリフの変更はできません。明日も本番がある俳優に大変な負担とリスクになりますからね。

ですから、セリフに関しては細かくカットすることが多かったです。

演出的には、「もう少し丁寧に言って」とか「もう少し間をつめて」と指示しました。

この作業を通じて、旗揚げして数年間で、僕は作家としても演出家としても、ずいぶん、成長したと思います。

と、自分で言ってますが、次の日、間をつめたことで観客が爆笑する瞬間を経験すると、「なるほど。やっぱり、間が長過ぎたんだ」と演出家として学べるのです。（公演が一回だけの場合は無理なので、僕はアマチュア劇団の人達にも「なるべく複数、最低でも二回公演がいい」と勧めます）

22歳という若造が劇団を創り、観客が増え続けてプロになれたのは、演劇を選んだからだと僕は思っています。

演劇は、映像と違って、すぐに直せます。映画監督が映画館で「ん？　あの言い方、少し速いから、観客は納得しないのか？」と思っても、創り直すことはできません。

でも、演劇は次の日には直せて、そしてその結果を確かめられるのです。

だからこそ、毎公演、見る意味があるのです。映像で、映画館で毎上映見ているという監督さんはいないでしょう。

小説を選んでいたら、こんなに明確に観客（読者）の反応を突きつけられることはなかったでしょう。22歳の野心溢れる若者としては「読者が分かんなくてもいいんだよ！　俺はこのやり方なの！」と独善を続けていたと思います。結果は容易に想像できます。

ですから、演劇がインタラクティブであることのメリットを観客や俳優だけではなく、演出家やスタッフも充分、受け取っているのです。

コロナ禍になって、僕はいきなり千秋楽になってしまった作品を見ました。公演の予定はずっと先まであったのに、自粛要請で突然「今日で公演は終了」となった作品です。

観客の反応は、とても熱いものでした。その反応を受けて、俳優も興奮し感動しているのがはっきりと分かりました。カーテンコールの拍手も熱烈なものでしたし、俳優達の挨拶も胸に迫るものでした。

俳優と観客が呼応したインタラクティブそのものの舞台でした。

東京で芝居をしている劇団やカンパニーが東京公演の後、各地を回ったケースでも、インタラクティブな出来事は起こります。

特に、なかなか芝居がやって来ないような地域だと、歓迎されて、客席全体が温かい気持ちで集中しながら見てくれることがあります。こういう時、俳優の感情も激しく動き、東京ではたどり着けなかった水準でドラマが展開されるのです。

▼喜劇はライブが向いている

また、喜劇は圧倒的に演劇、つまり、ライブ・パフォーマンスが向いていると思います。

笑いにとって、「間」はとても大切ですが、オチを言う瞬間のタイミングと、その言い方は、観客によって微妙に変わってきます。

テレビのお笑い番組では、ほとんどの場合、集められた観客の前で、漫才やコントをします。

これが、観客が一人もいないスタジオの中でやっていると想像したら、その難しさが分かるでしょう。（お客がいない時は、ほとんどの場合、スタッフの笑い声が代用されます）

例えば、以下のような台本――。

見すぼらしい格好の男の前に、神様が現れます。

「私は神です。なんでも、欲しいものを三つ、言いなさい」

男は慌てて「お金と美女とマッチョな身体です」と答えます。

神様は「分かりました」と深くうなづきます。

男は感激の表情で「神様、ありがとうございます」と叫びます。

神様も「いえいえ、こちらこそ、アンケートに答えていただいて、ありがとうございました」と答えて消え去ります。

コントみたいな例ですが、うまい俳優は、観客とインタラクティブに対話しながら演技します。観客がノリノリなら、オチである最後のセリフを強めに言うとか、間をつめて、少し速度を上げて言う方が受けるでしょう。

観客の平均年齢が高ければ、間を空けて、少しゆっくりとオチを言わないと分からないでしょう。

間と言い方に、どんな状況でもどんな観客の前でも通用する、たったひとつの「普遍的な正解」というものはありません。

ですが、「その瞬間だけの唯一の正解」というものはあります。うまい俳優は、それを瞬間的に無意識に選びます。客席の空気を全身で感じることで、答えを出すのです。

僕はそれを「演技というのは『考えること』と『感じること』を両立させること」と説明します。詳しい話は後述します。

ちなみに、この意味では、どんな場所でも受ける「鉄板のジョーク」というものはありません。

特定の集団のその瞬間の空気を吸って、その場を共に生きた時に、ジョークの言い方が、一番ふさわしいものに変化するのです。

緊張していたり、慣れてない時に、鉄板だと思ったジョークが滑るのは、オチの言い方がその場と対話できてないからです。その場の空気を感じないで、ただ、覚えた言葉を機械的に繰り返した結果、失敗するのです。

スピーチやプレゼン、授業などでぶつかる問題は、俳優が向き合う問題とまったく同じなのです。

▼「舞台の上で漂《ただよ》う」

僕と共に『第三舞台』という劇団を作った俳優の大高洋夫《おおたかひろお》は、演劇がインタラクティブであり、観客との対話であるということを「演技というのは、舞台の上で漂うことだ」と表現しました。

相手役からの言葉という風と、観客からの反応という風を受けて、自分は舞台の上を漂っている、というのです。自分から動くのではなく、すべてリアクションの結果、ということです。

じつに、素敵な表現だと思いました。

セリフは、多くの人は「言うもの」だと思っていますが、セリフは「聞くもの」です。相手のセリフをちゃんと聞けば、心は動き、自分の言葉が出てきます。

観客との関係はインタラクティブですが、俳優同士もまたインタラクティブなのです。これについても後述します。

映像の場合は、残念ながら、監督やディレクターが想定するたったひとつの言い方しか提出できません。どんな観客の前でも、俳優の演技は変わらないのです。

映像の喜劇が、演劇の喜劇よりはるかに受けにくく、難しい理由はこれです。

▼スタッフ・ワークもインタラクティブ

演劇では、俳優の演技だけではなく、スタッフ・ワークもインタラクティブです。

照明は、今はほとんどがコンピューター制御になっているので、あらかじめ、暗転の秒数をセットします。3秒とか5秒とかで、ゆっくりと暗くなるのです。

例に出しているAが、生徒を守る長台詞を映像ではなく舞台で言って、みんなが拍手する中で暗転、なんてシーンがあるとしましょう。

ものすごくうまく演技ができた日は、オペレーターは、暗転のスイッチを押すタイミングを微妙に遅らせます。結果として、ほんの少し長く、先生達が拍手し、Aが興奮している姿が見えます。

残念ながら演技に失敗して、説得力なく長台詞が終わった時は、オペレーターは微妙に早くスイッチを押します。結果として職員室の風景は早く見えなくなります。

基本的に、オペレーターは計算してやっているわけではありません。インタラクティブに参加しているので無意識の結果です。

時間としては、1秒の違いもありません。0コンマ何秒です。それでも、そのタイミングは、その日だけの、外してはいけない絶対のタイミングなのです。

『第三舞台』を旗揚げした時、僕は22歳でしたが、照明は手動のフェーダーでした。（その場で演技を見ながら、フェーダーを上下に動かすスタイルです。今でも残っている所はあると思います。これだと、事前に暗転の秒数を決めなくていいので、よりインタラクティブに操作しやすいのです）

僕も俳優も若かったので、演技はなかなか安定しませんでした。感動的な長台詞を言った次の日のステージでは、信じられないぐらいボロボロの演技になったりしました。

一度、長台詞が終わるか終わらないかで暗転になった時がありました。

終演後、驚きながら照明のオペレーターに質問したら「だって、あんな演技、見たくないでしょ」とムッとした表情で返されました。フェーダーを触る指が無意識に動いて、暗転にしたようでした。思わず、うなづいていました。

コンピューターでは、暗転の秒数は事前に決まっていますが、何ステージもやっていく中で、俳優の演技が成長した場合、1秒の暗転時間だったのを、7ステージ目から2秒に変える、ということもあります。感情が深くなってきたので、もう少し余韻を持って暗転にしたいと感じるようになったのです。毎日、公演することで、インタラクティブに変えられるのです。

劇場での音楽もまた、当然、インタラクティブです。

Aのシーンで音楽（BGM）が流れているとしたら、暗転と共に音楽が盛り上がり、そして次のシーンが始まる所で音が消える、というのが一般的な流れです。

音響は、コンピューター制御ではなく、フェーダーを手動で調整します。

暗転の中、最大の音量は数字としてあらかじめ決めていますが、そこにたどり着く時間、つまりカーブも、俳優のその日の演技によって微妙に変わります。

音響や照明がインタラクティブだというのは想像しやすいでしょうが、劇場の緞帳《どんちょう》（幕ですね）でも同じことが起こります。

緞帳には、「手引き」と「電動」という二つのタイプがあります。

「手引き」は文字通り、人間が「えいやっ！」とロープを手で引いて幕を開けるのです。

「電動」は、一定の速度で幕を電動で巻き上げるタイプから、コンピューター制御で巻き上げる速度を変えられるタイプまでいろいろあります。

前述したように、土曜日の昼公演は、観客の期待が劇場に満ちていますから、「手引き」の緞帳の場合は、観客の興奮に応えて普段より素早く幕を開けます。

月曜日の夜、観客が疲れている時は、緞帳を少しゆっくり開けます。

イベントや飲み会、パーティーと同じです。

参加者がまだよそよそしかったり、疲れている時は、ゆっくりと穏やかに始めた方がいいでしょう。みんながノッている時は、派手に始めると、より興奮するでしょう。

繰り返しますが、緞帳を手引きするスタッフは、これを頭で計算しているわけではありません。客席から漂ってくる空気を感じて、無意識に行っているのです。

物語の最後、幕を下ろす時も同じです。袖でじっと芝居を見ていたスタッフは、感動の程度にあわせて、幕を下ろします。

Aが見事に生徒を守り、生徒も教師も観客も深く感動したら、幕はややゆっくりと下りてくるでしょう。残念な演技で、みんな物足りなく感じている時は、少し速く下りてきます。

「電動」の緞帳では、こういうことは起こりません。決めた秒数で下りてくるだけです。

「15秒から60秒まで」というように下りてくる秒数を事前に変えられる緞帳は、まだましですが、速度が一種類に固定されている、例えば20秒で下りてくるだけ、という緞帳の劇場があります。（古い大きな会館に多いです）

どんな芝居をしようが、どんな物語だろうが、20秒で下りてくるのです。

最後のセリフの後、緞帳がさーっと10秒で下りてきた方が感動的な芝居も、たっぷり30秒で下りてきた方が感動的な芝居も、そんな事情に一切関係なく20秒で下りてくるのです。

これが、どれほど作品を壊しているか、想像できるでしょうか？

僕は、いまだにアナログの「手引き」の緞帳がある劇場が大好きです。演劇がインタラクティブであるということを活《い》かせるからです。


緞帳だけではありません。

場面転換で、森が描かれた幕が上から下りてくるとか、レストランの看板が上から現れる、というシーンを見たことがあるかもしれません。

これらは、バトンという鉄パイプに吊《つ》られているのです。

バトンも緞帳と同じように、「手引き」と「電動」があります。

Aが生徒達と教室で「よし！　キャンプに行こう！」と叫んだとします。

その瞬間、教室の壁がさーっと上に飛んで、代わりに森が描かれた幕が下りてくるとします。

「手引き」なら、何の問題もありません。人間の体力の限界はありますが、かなりの速度で教室の壁を引き上げ、森の背景幕を一気に下ろせます。

結果として、物語にリズムが生まれ、観客はワクワクします。

コンピューター制御で秒数を変えられる「電動」バトンでも、まだなんとかなります。

が、これも劇場によっては、20秒に固定されているバトンの場合があるのです。

もうAと生徒達は、森に来たセリフを早く言いたいのに、ゆっくりと森の背景幕が下りてくるのです。

観客は、展開の遅さにイライラして、物語への興味を失くします。

僕は、こういう時、このバトンを設計したり配備した関係者に殺意さえわきます。いえ、具体的には誰か分からないのですが（笑）。

最近は、セットが大がかりになって、とても重くなる傾向があります。その場合、「手引き」バトンではなく、「電動」バトンの方がスタッフ的には安心です。もちろん、速度を変えられる前提ですが。

でも、僕はやっぱり「手引き」のバトンの方が好きです。

その日、その瞬間にしか出せない、そしてそれしかない最適の速度が出せるからです。

ちなみに、演出家として「うむ！　今の背景幕の上げ方はすごい！」とか「緞帳の下ろすタイミングが素晴らしい！」と本番を客席で見ながら唸《うな》る時があります。

芝居に合わせて、最適にバトンを下ろしたり、照明を変化させたり、音楽を盛り上げたりする感覚を、私達は「芝居心《しばいごころ》」と呼びます。

新人だと、なかなか芝居心を理解できなくて、物語がゆっくりと進んでいるのにレストランの看板が唐突に現れたり、まだ俳優も観客も気持ちが残っているのに音楽が急に下がったりします。そういう時、昔はよく、「芝居心はないのか！」という怒号が飛び交いました。

▼芝居の質は常に揺れる

インタラクティブであることの一番の短所は、観客に影響を受けて、作品の水準が落ちることです。

前述したように、観客のあくびひとつで、未熟な俳優は動揺します。それ以降の演技がメタメタになる、なんて悲劇が起こります。

そういう時は、どんな観客でも内容が変わらないテレビや映画などの映像が心底、うらやましくなります。

でも、お客さんとのインタラクティブな交流が成功して、俳優の演技水準が上がった時は、「ああ、演劇を選んでよかった」と心底思いますから、自分でも勝手だと思います（笑）。

単純な短所ではないのですが、観客によって芝居の質が変わる例は他にもあります。

『第三舞台』が初めて大阪公演をした時、東京公演に比べて、観客があまりに笑うので戸惑いました。東京の土曜昼公演以上の反応でした。

反応がいいのはありがたい話なのですが、何回も大阪公演をするうちに、「払ったお金の分だけ笑おうとしてないかな？」と思うようになりました。ポジティブに言うと、「積極的に楽しもうと思っている」ということです。ですから、本当に笑っているというより、楽しもうとして笑っているということです。

それは、俳優にとって素敵なことで、基本的に大阪公演は気持ちよく演じられます。が、まれに大阪公演で初日の幕を開けて、東京公演をその後にやる、ということがあります。

この時は、俳優は苦労します。大阪公演で受けていた反応と全然違うからです。

東京の反応はこうなんだ、これがいつもの反応なんだとみんな思い直すのですが、どんなベテラン俳優も人間なので、慣れるまでに時間がかかるのです。

この時は、しばらく芝居の質が揺れます。

▼喜劇と悲劇

他にはこんな場合もあります。

僕は、「喜劇と悲劇は同時に存在する」という意識で芝居を創っています。

この世には、純粋の悲劇もなければ、純粋の喜劇もない。なぜなら、私達の人生そのものが悲劇であり、同時に喜劇だから——そういう意識です。

「喜劇だけど最後は泣ける」という「おもしろうて、やがて悲しき」という順番ではなく、ある出来事は、片側から見れば悲劇だけど、もう片側から見れば喜劇なんだ、それが人生なんだ、と僕は思っているのです。

例えば、自殺しようと思ってビルの屋上に立ち、ジャンプしようとした時に、「自宅のパソコンのハードディスクの中に、ものすごくエッチな（または恥ずかしい）画像を残している。死んだ後、あれを家族に見られるのは死ぬほど嫌だ」と苦悩する人生は、悲劇であり、同時に喜劇でしょう。

『ベター・ハーフ』という作品を創りました。若い男女と中年の男性、そしてトランスジェンダーの女性が登場する四人芝居です。

四人が愛し合ったり、別れたり、嘘をついたり、絶望したり、戦う愛と人生の物語です。笑いと共に、深刻な展開があります。喜劇と悲劇が同時に存在している物語です。

こういうタイプの作品だと、インタラクティブであることで、物語の印象が変わるのです。土曜日昼公演で観客が笑い過ぎると、『ベター・ハーフ』は、おおらかで楽しいコメディーになります。

けれど、月曜日の夜公演だと、恋愛の問題に悩み、ＬＧＢＴの問題に苦しみ、お互いの関係に格闘する、重い悲劇になります。

客席の一番後ろで、僕は、例えば、土曜日昼公演の笑いが多過ぎる客席に座りながら、「いや、そんなノンキな物語じゃないんだ。これは、切実で深刻な問題なんだ」と歯嚙《はが》みします。でも、月曜日夜公演では、「いや、これは希望の芝居なんだ。深刻な人生を描いただけの暗い芝居じゃないんだ」と歯嚙みします。

「違うんだ。僕のイメージする作品の完成形はこれじゃないんだ」と身悶《みもだ》えするのです。

もちろん、出演者はベテラン揃いでしたから、そんなに演技は影響を受けません。

それでも、観客の反応が芝居の印象を決め、それが芝居の質だと感じられるのです。

▼「二日目落ち」

インタラクティブがライブという意味で、一回一回が違うということで言えば、演劇の短所はぐっと増えます。

観客が関係していなくても、経験の浅い俳優や技術的に未熟な俳優は、演技の水準が安定しないことが多いです。

演劇界には、「二日目落ち」という言葉があります。初日が開いてホッとした結果、初日とは比べ物にならないぐらい、二日目の水準が落ちることです。

多くの俳優の場合、その原因は、昨日の演技を再現しようと思ったことです。

昨日は、相手役との会話の結果、自然に心が動いた——それを、なぞろう、繰り返そうとした瞬間、心が死にます。

今日も昨日と同じように、相手役との会話の結果として、自然に心が動くことが必要なのです。でも、なまじ、昨日のできが良かったという記憶があると、意識的に再現しようと無理をして、嘘の演技になってしまうのです。

そういう公演を見た時、僕は「ああ、一回一回、こんなに水準が変わる演劇ってつらい」と深く溜《た》め息《いき》をつくのです。

ですから、幕が開いてからも、演出家の仕事は続きます。

よく、演劇を題材にしたマンガや映像、小説だと、初日までの戦いが描かれます。いろいろあったけれど、なんとか、初日の幕が開いた、というストーリーです。

けれど、演劇人の実感からすると、まだまだ、千秋楽までドラマは続くのです。全公演数が3ステージでも10ステージでも50ステージでも、じつにいろんなことが起こるのです。

演出家である僕はいろんな指示を出して、水準を落とさないようにします。

ちなみに、この演出家の指示のことを、日本では「ダメ出し」と言います。

僕はこの言葉が嫌いです。

「ダメ出し」ということは、ダメ、つまり、マイナスなことしか言われないということです。

何が悲しくて、けなされるために演出家の周りに集まらないといけないのでしょう。「ここは良かったよ」というポジティブなことも言われるから、人は集まれると思うのです。

英語では、「note」と言います。演出家のノートに書いてあるものを言いますよ、そこには良いことも悪いことも書いてますよ、という意味です。僕は、日本でもこの言い方が定着しないかなと思っています。

▼アクシデントに向き合う

他にも、ライブならではの短所は、コンピューターがトラブって映像が映らないとか、仕掛けた装置が動かないとか、音響のオペレーターがトチって曲が流れないとか、照明機材が壊れてしまうとか、いろいろあります。

セリフをトチッてしまった、なんてのはまだ傷が浅いですが、ダンス曲が出なかった、なんてトラブルは悲惨です。

二〇代の頃ですが、「さあ、踊ろう！」と一人の俳優が叫んで全員がポーズを決めた瞬間、曲が始まるはずが始まらない、ということがありました。

全員、曲を待ってじっとしてます。

その静寂の恐ろしさは、今でもありありと思い出します。客席で見ていた演出家の僕は、瞬間的に冷や汗がどっと出て、心臓とキンタマ（失礼！）が縮み上がり、頭は真っ白になりながら、「考えろ！　どうするんだ！」と必死にできることを探りました。

この時は、小劇場でしたから、客席の一番後ろにある音響室を覗《のぞ》き、音響係がパニックになっているのを見て、客席から舞台に向かって、大きく、両手で×印を作りました。

俳優の一人が、それを見つけて、「踊ろう」と言った俳優を「何やってんだよ！」と瞬間的に突き飛ばして軽い笑いを取り、バツの悪い沈黙を終わらせることができました。観客も、なにかあったと感じていて緊張していたようで、ホッとした空気が流れました。

心配性の人は演出家に向いてないと思います。「曲が出なかったらどうしよう」とか「上から垂れ幕が下りてこなかったらどうしよう」「映像が出なかったらどうしよう」とか、考え出すときりがありません。

もちろん、40年ほど演出家をやっていますから、たいていの種類のアクシデントを経験しました。

それでも、芝居が始まったら、俳優とスタッフを信じて、身を任すしかないのです。いちいち心配していたら、間違いなく胃に穴があきます。

第四章　一人と大勢

▼「幻の共同体」——観客が観客に出会う

映画は観客が一人でも成立すると書きました。

演劇も、なるべく避けたいですが、一人の観客でも成立させようと思えばなんとかできます。

一人で見ることと、大勢で見ることは何が違うのでしょうか。

大勢の観客と一緒に同じ作品を見て、同じ所で笑い、同じ所で泣き、同じ所で感動すると、私達観客は、他の観客を発見します。

アメリカの劇場でニール・サイモンを代表とするコメディーが根強い人気があるのは、「どんなにバラバラになったと感じる私達でも、同じ作品を見て、同じ動作で、同じセリフでみんな笑えるんだ。私達は、孤立していない。同じ感覚を持つ仲間なんだ」と感じられるからだと思います。

ミュージカルに一緒に熱狂するのも、カーテンコールで会場全体がスタンディングオベーションするのも、そのまま、観客が音楽に合わせてリズミカルに身体を揺らし始めるのも、すべて「私達は、バラバラじゃない。同じ仲間なんだ」という安心と喜びの表現だと思います。

それはまさに、演劇を通じて、「幻の共同体」を感じているということでしょう。すでに失われてしまった共同体を、熱狂する観客を通じて一緒に体験するのです。

それは、「失われた共同体への郷愁」と言えるでしょう。

世界がバラバラであること。人々に共通の価値観なんかないこと。自分に理解できない考え方や意味が次々と生まれていること。自分が大衆の中で孤立していること。

こんな感覚を持つことは、現代人としてじつに普通のことです。

演劇は、観客が観客と出会うことで、この淋《さび》しさや喪失感、孤立感、不安感を一時的に埋めてくれるのです。

実際に、観客の大多数が感動すると、劇場全体が震えます。客席が揺れ、どよめき、観客全体が放つオーラが劇場空間に満ちます。

全身の毛穴が開き、身体全体が揺さぶられ、皮膚全体が覚醒し、何十人か何百人か何千人かの観客がひとつの固まりのようにつながる感覚を得るのです。

信じられないかもしれませんが、観客が熱中し、感情移入すると、何百人という観客が、俳優と同じ呼吸になります。苦しむ俳優が息を吐くと、何百という観客も息を吐き、俳優が大きく息を吸うと、観客も同時に息を吸うのです。

観客は、その瞬間に「幻の共同体」を感じているのです。

逆に言うと、「疎外感」を感じることもあります。

観客の大部分が笑い、泣き、感動しているのに、自分がまったく面白いと思えない時です。

そういう経験はありますか？

じつに不安になります。自分だけがおかしいのか、自分はどこか感性が変なのか。孤立した少数派なのかと哀しくなるのです。

それぐらい、観客が観客と出会うことは衝撃なのです。


映画でも、映画館の大スクリーンを見ながら、共に笑い、共に泣いて「失われた共同体への郷愁」を感じることがあります。

映画『男はつらいよ』を上映する下町の映画館では、公開のたびに、スクリーンに向かって、何度も声が飛んだと言います。恋した女性に振られ続ける寅さんにかける声です。

映画『翔《と》んで埼玉』を上映した埼玉県の映画館では、終映後、拍手が起きた所が何カ所もあったそうです。

ただし、演劇に比べると映画は、観客が観客と出会うことは少ないかもしれません。

それは、映画がインタラクティブではないので、観客の参加を抑制するからでしょう。映画館でスクリーンに向かって拍手をするのは、よほどの場合を除いて、ためらわれます。

それ以外だと、客席の状態が関係します。

演劇でも、一〇〇〇人の客席に一〇〇人しか観客がいなければ、なかなか、「幻の共同体」

のような盛り上がりは難しいです。観客同士の位置が遠く離れていては、寒々しい気持ちになります。

一〇〇席に一〇〇人、つまり満員の状態なら、同じ一〇〇人でも観客は興奮できるのです。ですから、各地に続々とできている一〇〇〇人規模の大ホールは意味がないどころか害悪だと僕は思っています。その土地の劇団やバンドが一〇〇席の劇場で一〇〇人の観客を前に演じれば、達成感や充実感を感じて、またやりたいと思うでしょう。

ですが、一〇〇〇席のホールで一〇〇人の観客しかいなかったら、スカスカの客席を前に敗北感や悲哀を感じて、二度と芝居や演奏をしたいとは思わないでしょう。

各地で劇場を作るのなら、数百人規模、それも五〇〇人以下がいいと僕は思っています。一〇〇〇席のホールなんて、東京でも埋めるのは難しいのです。年に一回、イベントやビジネス関係で集まるかどうか分からない一〇〇〇人を想像するよりも、身近な数十人から数百人が楽しく使える劇場を設定すべきなのです。

外見が派手で、客席数がやたら多い地方に建てられた会館を見て、落語家の立川談志師匠は「文化レベルの低い所ほど、こういう立派な会館を建てるんだよな」と語りました。

▼神なき祝祭

さて、話は戻って、ですから、劇場は8割前後観客がいれば、盛り上がりやすくなります。ですが、映画館で8割というのは、ヒットした映画の週末の場合でしょう。平日はヒットした場合でも2割程度の入場者数が平均です。ですから、なかなか、映画館では盛り上がりにくいのです。

さらに、観客の熱狂は、観客の精神状態も大きく関係しています。

演劇は、通常は一日一回、多くても二回のメディアです。ほとんどの場合、観客は事前にチケットを購入し、その時間をめがけて劇場に足を運びます。そこに行くこと、そこで体験することが、ひとつのイベントになります。

映画は、一日に何回も各地で上映されます（もちろん、封切り初日「第一回上映、舞台挨拶つき」なんて時はイベント感が強まり、興奮します）。そこで見逃しても、レンタルやDVD化、ネット配信というアクセスの可能性はたくさんあります。

演劇は公演期間が終われば、それで終わりです。舞台中継もDVD化もなければ、その瞬間にこの世から消えます。

つまり、演劇の「たった一回、ここでしか体験できない」という感覚が、劇場での観客の熱狂を後押しするのです。

チケットの高さも関係するでしょう。映画に比べて、演劇のチケットは高額な場合が多く、ミュージカルなどでは一万円を超えることも珍しくありません。今日見逃したから、明日また買おうとは、なかなか思えないのです。

もうひとつ、「演劇は勝手に止められない」という単純ですが、根本的な理由もあります。DVDや映像配信は観客の都合で途中で止められます。つまり、自分の時間で見られるのです。

映画館での映画は止められませんが、一日数回の上映にあわせて、見る時間をコントロールできます。テレビも録画機能や放送後のさまざまな配信によって止められます。小説も止められます。ですが、劇場の演劇は止められません。

なんのことはない、書けば書くほど、演劇のこれらの特徴は、人生と似ています。

人生には、ポーズボタンはありません。自分の都合で時間を止めることはできないのです。

「失われた共同体への郷愁」ではなく、作品を鑑賞することで「自分と向き合う」という、現代における教会のような役割が劇場にはある、と言う人もいます。

僕はその意見を否定しませんが、劇場で、静かな教会のように芝居を鑑賞し、自分と向き合うということと、演劇として成立するために一定数の観客を必要とすることは、どう両立するのだろうかと考えます。

経済的側面や俳優・スタッフの満足など、まさに、『劇団四季』の吉田社長が紹介していた「恥ずべき崇高さ、偉大なる屈辱」を考えるのです。

DVDや配信でなら、一人で静かに楽しめるでしょう。

もっとも、観客が感じることが「失われた共同体への郷愁」なのか「自分と向き合う」ことなのか、さらに他の何かなのかは、作品の質が決めると思います。

僕自身は、自分の演劇行為を「神なき祝祭」だとずっと考えてきました。

観客が自分と同じように笑い、泣き、感動する劇場で求めるのは、「失われた共同体」への郷愁ではなく、一人で「神なき時代」を生き抜くための祝祭だという考えです。

祝祭は、一人でするより、それなりの人数で経験した方が生きていく気力がわくだろうと思っています。

「失われた共同体への郷愁」と「神なき祝祭」は、それなりの数の観客と共に芝居を見て、生きていく気力を得る点では同じです。

違いは、「一人であること」の受け入れ度合いというか、感傷や諦《あきら》めのレベルのような気がします。より深く諦め、一人を受け入れるのが「神なき祝祭」です。

「失われた共同体への郷愁」は、どこか甘くセンチメンタルな匂いがします。もちろん、どちらかが良くて、どちらかが悪いという問題ではありません。

映画なら、ＤＶＤや配信が身近ですから、一人、家で見て「自分と向き合う」ことが可能でしょう。

一人で見た方が感動するのか、映画館で大勢と見る方が感動するのか、親しい友達と一緒に家で見た方が感動するのかは、これもまた、作品の質が決めると思います。

はっきりしていることは、映像をＤＶＤや配信で鑑賞した場合は、観客は観客と出会うことはない、ということです。

この場合、「幻の共同体」を感じるのは、見た者同士が集まって、作品の感想を熱烈に語る時です。自分が得た感動と他人が得た感動に共通項を感じた時、人は安心し喜び、つながりを感じます。

けれど、それは、映画館で体験した「幻の共同体」の感覚とは、違う質のものです。

個人的にＤＶＤを見た場合、仲間とより深く共感するためには、言葉がたくさん必要になるでしょう。映画館で一緒に体験した場合は、言葉はそんなにいりません。ただ一緒に笑って、泣いて、ドキドキしていればいいのです。

その意味では、小説はまさに、「自分と向き合う」メディアです。大勢と同時に楽しむことはできません。小説を読むことは、個人的な行為であり、自分と出会うことだと思います。

そこから、「幻の共同体」を求めたい場合は、相手を探して語り続けるしかないのです。

▼「たった一回」の愛おしさ

ちなみに、「たった一回、ここでしか体験できない」というのは演劇の長所ですが、同時に大きな短所と言えます。

その短所をカバーしようと、最近はＤＶＤに収録されて発売される演劇も増えてきましたが、劇場で見る演劇体験を１００％とすると、ＤＶＤで見る作品は、迫力も感動も50％以下だと僕は思っています。

僕は演劇を始めた20代前半、不完全な形で作品に出会って欲しくないと思って、自分の演劇をビデオにすることを拒否しました。ＮＨＫの舞台中継も断りました。映像で見ただけで、私達の作品を判断して欲しくないと思ったのです。

けれど、二つの理由から、やがて、映像として残すことを決めました。

ひとつは、地方に住む演劇部の女子高生から「どんな形でもいいから見たいんです。どんな形でもいいんです。見たいんです！」という悲鳴のような手紙をもらったことです。

もうひとつは、劇団の看板俳優、岩谷真哉《いわやしんや》をバイク事故で失った時、遺族の方に何も残せなかったことがあまりにも申し訳ないと思ったからです。悲しむ御両親に、「せめて、舞台の映像があったら」と心底思ったのです。

ですから今は、出演俳優の事務所が反対しない限り、演劇作品をＤＶＤにしています。けれど、本当は劇場で体験して欲しいと思っています。劇場で体験する作品が、作品の本来の姿だと思っているのです。

映画は、もちろん、映画館の大スクリーンで見ることで迫力や感動が増しますが、ＤＶＤや配信になったからと言って、迫力や感動が50％も落ちるとは監督は想定してないと思います。

最近は、映画館ではなく、配信やＤＶＤで見られることを前提の画面作りをする監督も増えてきました。テレビのようにアップを多用して、小さな画面でも迫力を失わない工夫です。

ＤＶＤになっても、作品本来の魅力はますます失われなくなります。

映画のＤＶＤの場合は、見ていない作品を買うことは当たり前ですが、演劇のＤＶＤは、基本的に劇場での上演を見た人が買います。ＤＶＤそのものを鑑賞するというより、劇場での体験をもう一度味わいたいとか、大切に保存しておきたいという補完的な目的が多いと思います。

僕は、どこでもいつでも、本来の姿（または、限りなく近い姿）として観客がアクセスできる映像がとてもうらやましくなります。

けれど、同時に「たった一回、ここでしか体験できない」演劇がとても愛《いと》おしいとも思うのです。

第五章　演劇と小説

▼演劇の情報量

ここまで、演劇と映像を比較することで、「演劇とは何か?」を探ってきましたが、小説も比較の対象に入れます。

例えば、以下のようなシーン——。

神田は男性社員、吉澤は女性社員、二人は会社の同僚です。朝、出社の時に、たまたま同じエレベーターに乗り合わせます。台本ではこうなります。

　エレベーターの中の二人。

神田「……今度の日曜日、空いていますか?」
吉澤「……なんですか?」
神田「もし良かったら映画に行きませんか」
吉澤「映画」
神田「……」
吉澤「……空いてます」
神田「!」

小説だと例えば、以下のような描写でしょうか。

二人は黙って、エレベーターの光る数字を見上げていた。数字の5が光った時、神田は口を開いた。

「……今度の日曜日、空いていますか？」震える声がエレベーターの中に響いた。

「なんですか？」

吉澤は驚いた表情を向けた。

その視線に神田の身体は強張《こわば》った。「もし良かったら映画に行きませんか」声は、さらに震えた。なんて情けない声だと神田は死にたくなった。それでも、やっと言えた自分をほめてやりたい気持ちにもなった。

「映画……」吉澤は真剣な表情になった。そのまま、視線を床に落とした。

神田の胸に鋭い痛みが走った。言うんじゃなかった。冗談ですよと、口が動きかけた。

視線を上げた吉澤が微笑《ほほえ》んだ。

「空いてます」

神田は叫びそうになった。必死で自分を抑えたので、表情は変わらなかった。

台本と小説だと、どちらが情報量が多いでしょうか。これはもう、小説ですね。

では、小説とこの台本を元にした実際の上演だと、どちらが情報量が多いでしょうか。

これは、間違いなく実際の上演ですね。

神田役の男優、吉澤役の女優の外見、つまり、髪形や服装、顔、雰囲気が豊かな情報として観客の前に提示されます。

そして、最初の言葉、「……今度の日曜日、空いていますか？」を言う時の神田の表情、声、動き、感情、雰囲気が圧倒的な情報量として伝わります。

そして、それを聞いた時の吉澤の表情、声、動き、感情もまた、「なんですか？」というセリフと共に伝わるのです。

▼演劇は人生そのもの

何を当たり前のことを言っているのだ、と思われたでしょうか。

では、「もし良かったら映画に行きませんか」と神田がさらに震える声で言った時の「神田の内面」は小説と演劇ではどちらがより正確に伝わるでしょうか？

小説ではこの時、「なんて情けない声だと神田は死にたくなった。それでも、やっと言えた自分をほめてやりたい気持ちにもなった」と書かれていますが、この思いは、実際の上演を見た観客に伝わるでしょうか。

この矛盾した二つの気持ちを正確に感じ取る観客は少ないと、僕は思います。

「情けない声だと死にたくなった」と感じた観客がいて、「自分をほめてやりたい気持ちになった」と感じた観客がいて、そして、さらにまったく別の感情、例えば「この女性が大好きなんだな。好き過ぎて声が震えているんだな」と感じる観客がいるかもしれません。

演劇は、小説と比べて情報量としては圧倒的ですが、伝える意味としては曖昧《あいまい》なのです。

その時、その瞬間、登場人物の正確な内面は、演劇では分からないのです。

もちろん、演劇には、「傍白《ぼうはく》・わきゼリフ」と呼ばれるものがあります。

相手役に聞こえてないという前提で、観客に向かって語るセリフです。

観客に向かって「ようし。ここはひとつ、こいつの提案にだまされたフリをして乗ってやろう」なんてセリフです。

主に、自分の内心を語りますが、現代の演劇ではあまり使われません。

古典的な演劇でも、多用されず、ここぞという時に、観客に向かって語るものです。

何度も自分の内心を語ると、物語のテンポが落ちますが、一番の問題は、いちいち丁寧に内面を説明されると、物語を楽しむ気持ちが萎《な》えるということです。

演劇は、情報量において膨大で、意味において曖昧なのです。そして、この演劇の特性は、「人生そのもの」と似ています。

人生でも、目の前に立っている人から、圧倒的な量の情報がもらえます。顔や表情やしぐさや声やスタイルや雰囲気などです。

けれど、小説が描写するような、相手の正確な「内面」は分かりません。

やはり、演劇は人生なのです。

神田は最後、「叫びそうになった。必死で自分を抑えたので、表情は変わらなかった」のですが、その無表情は、嬉《うれ》しくなかったと吉澤と観客に受け取られる可能性もあります。

小説は内面を描写したから、読者は分かったのです。

演劇では、人生と同じように、神田の思いは曖昧にしか観客には理解されないのです。

そして、それは短所でありながら同時に長所なのです。（詳しくは後述）

▼映像は小説と演劇の中間

映像は、小説と演劇のちょうど中間に位置しているだろうと考えています。

映像は「俳優と観客とカメラ」だと書きました。

カメラを使って、演劇よりは正確に意味を伝えられるのです。（でも、小説ほどではありませ

ん）

「何を映し、何を映さないか」という選択が限定した意味を伝えるのです。

映像と違って、演劇では何を見るかは観客が選べます。前述した先生役のAがあまりにとんでもない時に、その苦しみから逃げるために、観客は好きな同僚の教師役の俳優をずっと見続けることができます。

けれど、映像では観客は勝手に視点を選べません。つまり、監督が、自分の意図する意味をある程度観客に伝えることができるのです。

神田と吉澤の例で言うと——。

「なんて情けない声だと神田は死にたくなった。それでも、やっと言えた自分をほめてやりたい気持ちにもなった」ということをどうしても伝えたい時は、神田が「もし良かったら映画に行きませんか」と言った後、驚いた吉澤の顔を短く映し、すぐにアップで「神田の情けない表情」そして、「次に現れた少し満足した表情」を映せば、演劇よりは神田の思いが伝わる可能性が高くなります。（でも、小説ほど明確ではありません）

もちろん、舞台では、神田の微妙な表情はなかなか伝わりません。（400人以上の客席数だと無理でしょう）

映像で、どうしても正確に内面を伝えたいと思った時は、テレビでは、登場人物のモノローグやナレーションを使う場合があります。

「この時、幸子はこの怒りを絶対に忘れないようにしようと思いました。それが、後の彼女の生き方になったのです」なんていうナレーションが流れる朝のドラマや時代劇があります。

黙って相手を見つめている顔に「俺は絶対に許さない。お前の弱点を絶対に見つけてやる」というモノローグが重なるドラマもあります。

こうすると、視聴者は内面の「唯一の正解」を知って安心します。

曖昧な解釈ではなく、ここはこういう気持ちですよと正解を教えてもらうことは、人生ではないでしょう。内面を語られても、それが本心かどうか分かりませんからね。

でも、ドラマのナレーションは、嘘は言わない、という前提です。

もし、嘘を言うドラマ、例えば「おしんはこの時、人生なんてチョロイもんだぞと思ったのでございます」なんてのがあると、視聴者は反発して、見ることをやめるでしょう。

ただし、映画ではナレーションはあまり使われません。映画は観客が集中して見るものですから、逆に「ここではこういう気持ちでした」と解説されてしまうと、興醒《きょうざ》めします。

▼観客の主体性

観客や読者が作品に感情移入するのは、「主体的に参加した時」です。

人生そのものの演劇や、人生をカメラで撮った映画を見ながら、「ここではこんな気持ちじゃないだろうか」「ここではじつは悔しかったに違いない」と、見ている人間が思わず想像するからこそ、感情移入が始まるのです。

いちいち、ナレーションで「この出来事は幸子に深い傷を残しました」なんて解説されたり、出来事の後に、「私はこの出来事を忘れません」なんてつぶやかれると、「そういうことを感じるのは、観客の仕事」と思ってしまうのです。

昔、テレビにナレーションやモノローグが多用されたのは、テレビは「ながら視聴するもの」と思われていたからでしょう。家事をしながら、子供の面倒を見ながら、出かける支度をしながら、内職をしながらテレビドラマを見るので、なるべく登場人物の内面を分かりやすく解説したのです。

けれど、そういうタイプのドラマに人々は興味を失い始めました。一瞬でも目を離したら、展開が分からなくなるドラマを見たいと思う人が増えました。

僕はアメリカのネット配信のドラマの影響だと思っているのですが、結果、現代的なテレビドラマになると、あまりナレーションはなく、モノローグも減る傾向にあります。

演劇では、例えばシェイクスピアには長いモノローグがあるじゃないかと思った人もいるかもしれません。

あのモノローグは、単純に自分の気持ちを語っているものではありません。モノローグ自体が葛藤しているのです。忘れた方がいいのか、ずっと覚えておいて復讐《ふくしゅう》した方がいいのか。どちらが幸せなのか。どちらが自分の本心なのかと葛藤しているのです。

そんなモノローグを聞いても、観客は安心しません。登場人物の内面を想像して、思考を深めるだけなのです。

▼小説の内面描写

小説の「内面描写」も同じことが言えます。

神田と吉澤の出会いは、演劇や映画と違って、内面を詳しく描写しないと読者の感情移入を得ることは難しいです。本物の人間がいるわけでも、それを映した映像があるわけでもなく、ただの「文字」しかないのですから。

と言って、神田と吉澤、両方の内面を同時に語るタイプの小説は、現代では好まれなくなっています。

僕が書いた例も、神田側の視点です。吉澤の内面は、神田にとって謎なのがリアルな描写なのです。（章や段落によっては、吉澤側の視点になることはあります）

また、二人が映画に行き、恋に落ち、やがて親に反対されたり、三角関係に悩んだりし始めた時、「内面」は揺れます。エレベーターの中のような分かりやすい「内面」ではなく、神田や吉澤自身も葛藤する「内面」と出会うのです。

そうした小説は「人生の真実を描いた」と言われるのです。

情報量において豊かで、意味において曖昧な演劇は、曖昧だからこそ、観客は感情移入しやすくなります。これが長所です。

充分な説明がないからこそ、観客は想像力をより使って物語に参加するのです。

舞台に神田と吉澤がいて、神田が最後、無表情なまま沈黙したら、観客の多くは神田の内心を探ろうとします。同じ空間にいながら、人生のようになんの説明もないからです。

映像は、前述したように、演劇よりは曖昧ではありません。つまり、観客の感情移入は、自然にではなく、監督に導かれるのです。

意味において曖昧な結果、観客が思わず感情移入しそうになることが、演劇が映像より生々しく感じられるもうひとつの理由なのです。

逆に言えば、映像は同じ空間ではないので、無表情の神田の意味を観客は探りにくくなります。感情移入しようという気持ちが弱くなるのです。

この場合は、神田の表情のわずかな変化や神田が見る吉澤の微笑みのアップなど、観客に、神田の喜びを想像させるテクニックが必要となるのです。

話は少しそれますが、これが映像が小説化（ノベライズ）することに向いている理由です。逆に小説も映像化するのに向いています。

内面を正確に描写しようという、同じ傾向があるからです。

演劇を小説にするのは、それに比べて難しいです。どんな内面だったかという解釈が、100人の観客がいたら100通り出る可能性があるからです。まあ、100通りはオーバーだとしても、何種類も出てくるでしょう。

演劇の舞台中継を見て「見たいのはこれじゃない。どうしてあの人の姿を映さないの」と苛《いら》立《だ》った経験をした人は多いでしょう。

何が大事か、ということを観客が選べることもまた、演劇が映像に比べて感情移入しやすくなる理由です。

ただし、演劇において、伝わる意味が曖昧であることと、演技が曖昧であることは別です。「空いてます」と吉澤が微笑んだ後、俳優が無表情だとしても、それは「なんとなく」だったり「何も感じなかったり」「ムッとしていたり」しているからではありません。あまりに嬉しく、でも、それを直接表現するのは恥ずかしく、こんな状況に慣れてなくてどうしていいか分からず、結果として無表情になるのです。

俳優の心の中は、激しい葛藤で揺れているのです。無表情に見えたとしても、心の中は明快なのです。

▼「リアリティの幅」

演劇と映像と小説の違いには、もうひとつ、「リアリティの幅」があります。

例えば、映像では、「この戦場は地獄だ」というセリフと共に画面に映るのは、荒れた戦場と死体に見える何かでないと、観客は戸惑うでしょう。

何も壊れていない町に何人かが倒れているだけでは、観客は戦場の地獄と死体のリアリティは感じないでしょう。

けれど、演劇は、例えば、薄暗い照明の下、舞台にバラバラになった無数のマネキンが転がっていれば、「戦場の死体」だと観客は受け入れるのです。

この例がピンと来なければ、例えば、演劇でいうフライング（宙乗り）が分かりやすいかもしれません。

舞台では、ピーターパンは身体をワイヤーで吊るされながら、空を飛びます。観客はワイヤーが見えていても、ピーターパンが飛び上がった瞬間に歓声を上げます。

けれど、もし映画のピーターパンで、背中のワイヤーが見えていたら、観客は失望はしても、絶対に歓声は上げないでしょう。

僕はこの状況を、映像は「リアリティの幅が狭い」と表現します。観客がリアルだと感じるための条件が厳しいということです。

そして、演劇は「リアリティの幅が広い」と言えるのです。

白い紙が舞台の上からたくさん降ってくるだけで、観客は雪だと受け入れてくれます。映像では絶対に認めてくれません。

一番、「リアリティの幅」が広いのは小説だと思います。

神田と吉澤の例だと、吉澤が「空いてます」と答えた後、一行、「神田の表情は変わらなかったけれど、嬉しさに震えて、身体が二〇センチ、エレベーターの床から浮いた」と書いても、読者は何の疑問も感じません。人間が気持ちだけで、二〇センチ浮くわけない、とは思わないのです。

次に広いのは、マンガ・アニメです。

一コマ一コマ描かれたマンガの方が、動画であるアニメよりも「リアリティの範囲」が少し広いと考えられますが（アニメは人間の声を使うので、マンガよりやや狭そうですが）、僕の専門外なので、マンガとアニメの違いに詳しい人が判断してね。

いずれにしても、マンガやアニメで、神田が嬉しさのあまり、足が二〇センチ浮かんだ描写をしても、読者や視聴者は問題なく受け入れるでしょう。

次が演劇です。

神田は無表情のままですが、突然、幸福な音楽と共に、ハートマークを全身にあしらった黒《く》衣《ろこ》というか、謎の人物が数人現れて、ニコニコしながら神田を持ち上げても、観客は笑いながら受け入れると思います。

そして、一番狭いのが、映像です。

この瞬間、神田の身体が二〇センチ浮いたら、観客は「!?」と思うはずです。超能力者か魔法かと。

「リアリティの幅」は「小説＞マンガ・アニメ＞演劇＞映像」の順番に狭くなっていくと、僕は思っています。（もちろん、どんなものにも例外はありますから、これは一般的な法則です）

ＣＧの製作費用が安くなった結果、ＳＦやファンタジーなど、従来ではなかなか描けなかった映像作品が続々と生まれています。一般的な映像作品には、観客を納得させる映像のリアリティが必要だからです。

演劇は、俳優と観客の想像力があれば、どんなＳＦもファンタジーも創れるのです。舞台の上に、５センチほどの小さな人形をたくさん並べて、戦場のシーンを表現することだってできます。

それは、演劇の魅力でしょう。

もちろん、小説やマンガ・アニメは、演劇よりさらに自由度が高いのです。

話は少しそれるのですが、この「リアリティの範囲」の違いが悲劇を生んだりします。

テレビや映画では、マンガ・アニメ原作の実写ドラマがたくさんあります。

企画を通す時に、小説よりもはるかに売れているので（三〇〇万部突破なんてことですね）説得しやすいという理由と、企画を探す時に分厚い小説だと読むのに一日かかるけれど、マンガだと何作品も一日で読めるという具体的な理由だと僕は思っています。

知り合いの映画監督から聞いた話です。

アニメにもなった探偵マンガでは、犯人の14歳の少女は、フォークリフトを使って死体の処理をした、という展開でした。実写化のために、犯人役の少女がフォークリフトの運転席に座った瞬間、スタッフ全員が「これはない」と思ったそうです。

マンガで読み、アニメで見た時は何の疑問も浮かばなかったのに、実写化、つまり生身の人間で映像化した時に、「この少女がフォークリフトを操作して、死体を運んで処理をするなんて、ありえない」と感じてしまったのです。

マンガやアニメに比べて、実写の映像は「リアリティの幅」が狭いのです。

ある女優は、歩道橋の上から、去っていく恋人に向かって、手を振りながら「大好きだよ！ ガンバ！」というセリフが、俳優ではなく、人間としてどうしても言えなかったと嘆いていました。

アニメ原作で、アニメではキャラクターはさわやかな笑顔で「大好きだよ！ ガンバ！」と叫んでいます。何の違和感もありません。

けれど、実写の映像で、つまりは、生身の人間は、こんなセリフは言わないと女優は感じたのです。

本当？ ともしあなたが思ったら、口に出してみて下さい。信じられないぐらい恥ずかしいです（笑）。

ちなみに、マンガやアニメを舞台化した「2・5次元」と呼ばれる舞台が大人気になり、ひとつの潮流になっているのは、マンガ・アニメと演劇の「リアリティの幅」が近いからだと思います。

共に、映像ほど狭くない範囲だからこそ、マンガ・アニメのリアリティを舞台で実現できるのでしょう。マンガ・アニメのキャラクターを生身の人間が演じる場合は、映像より演劇の方がはるかに相性がいいのです。

▼演劇でしか描けない方法

それぞれのジャンルで、そのジャンルにしか描けないものを見た時に、観客や読者は興奮します。

映画は映画でしか見られないもの、テレビはテレビならではのもの、小説は小説にしか書けないもの、マンガ・アニメは、マンガ・アニメでしか描けないもの。

そして、演劇は演劇にしか表現できないことと出会うと、観客は感動します。

例えば、一人の女性の人生を描いた作品があるとします。

子役がまず出演して、厳しい母親から「グズ」だの「ノロマ」だのと罵《ののし》られながら、貧しい時代を懸命に生きます。

その後は大人役の俳優に代わり、いろいろと苦労しながら、たくましく生き抜きます。

物語の最後、自分が母親になると分かって、思わず、厳しかった母親を思い出します。

映画だと「回想シーン」が始まります。

映画用語で「フラッシュバック」と呼ぶと前述しましたが、多用すると物語の進行が滞ります。過去が中心になって、今の話ではなくなるからです。

演劇では、回想している彼女のいる舞台に、突然、怒鳴る母親が登場すればすむことです。続いて、子供時代を演じた子役も飛び出します。そして、必死に母親にあやまります。大人役は、同じ舞台にいて、その姿をじっと見つめます。

怒鳴る母親に、大人役が言います。「母さん。あなたが間違ってたの」もちろん、その声は母親と子役には聞こえません。

やがて、母親が去った後、唇を噛みしめている子役に、大人役は近寄り、そしてゆっくりと抱きしめます。「泣いていいんだよ。間違ってなかったんだから。あなたは、私は、間違ってなかったんだから」と言いながら。

こういうシーンは、演劇ならではでしょう。映像で、子役と大人役を同時に映して、そのまま、大人役が抱きしめるというのは、（芸術的な映像作品は別として）なかなか受け入れられないと思います。

演劇は「リアリティの幅」が広いのでこういうことができます。

映画『リトル・ダンサー』では、炭鉱のストライキのシーンと、町の公民館のクラシックバレエのレッスンのシーンが、交互にカットバックされました。

そのミュージカル舞台版『ビリー・エリオット』では、このシーンは、ストライキをする坑夫とそれを阻止しようとする警官、そして、バレエレッスンを受ける子供達が、同じ舞台に同時に登場しました。

演劇が演劇というメディアの特性を歌い上げた名シーンでした。

僕は演劇を創る時、演劇でしか描けないことは何かと常に考えます。

22歳で書いた戯曲の最後に、「僕は立ち続ける」というセリフがありました。

ラストシーン、舞台全体を客席側に向かって斜めに急角度で傾斜させました。舞台前方を低く、舞台後方を高くしました。舞台全体を滑り台のような角度にしたのです。

かなりの傾斜になった舞台の上に、5人の男達が踏ん張って立ち続け、そして「僕は立ち続ける」とセリフを言いました。『朝日のような夕日をつれて』という作品のエンディングでした。

その光景を見ながら、「これは演劇でしか描けない方法だ」と思いました。

演出家になって40年。演劇でしか描けないものを探す旅に終わりはありません。

第六章　情報化社会と演劇

ます。

▼「より多くの人へ、より速く、より正確に」

現代の情報化社会は「より速く、より多くの人へ、より正確に」を目指しているように感じます。

映像作品も音楽も小説も、拡大し安価になるインターネット環境と、増大する送受信容量によって、この三つの要素が日々加速しています。

演劇もコロナ以降、配信という形が増えてきました。僕はこの形を否定しませんし、自分の作品でも利用していますが、これは「演劇」というより、正確には「演劇の映像」の配信でしょう。

コロナ禍により、「すべてのエンタテインメントはインターネット配信になる」と豪語したテレビコメンテイターがいましたが、僕は首を傾《かし》げました。

前述したように、ギリシア演劇は2500年ほど前に生まれ、演劇というライブメディアは、それ以来、ずっと続いています。

演劇は、現代の情報化社会が目指す方向と違うからこそ、なくなることはないだろうと僕は思っています。

どういうことか、ひとつずつ、説明します。

生の演劇は劇場でしか、伝えることはできません。それは演劇の宿命です。

ただし、多くの演劇人は、「劇場は大きければいいわけではない」と考えていると思います。

演劇の定義で紹介した別役実氏は、「『演劇』が『演劇』として、（中略）正しく情報伝達を行うためには、劇場は三百人から五百人を収容するものまでに限る、と考えている。収容能力がそれ以上の劇場になると、『等身大の人間から等身大へ』という、その基本的な構図が損われ、『演劇』とは言えなくなる、と考えているのである。

『科白《せりふ》』と言われる、仕草を伴う『音声言語』の到達限界を、私は三百人まで、と考えている。劇場を五百人までとしたのは、残りの二百人について、濃密に体験した三百人の、『増幅作用』のようなものを期待しているからにほかならない」と、自著（『別役実の演劇教室　舞台を遊ぶ』）で書いています。

ここまで明確に数字を挙げるのは珍しいと思います。

僕は22歳で、テント芝居で劇団を旗揚げしました（仮設テントを建てて、上演するのです）。収容観客数は、おそらく、80人から１００人ぐらいだったと思います。

なにせ、畳敷き（！）の客席に、観客はあぐらをかいたり、体育座りしたりしたので、正確には分からないのです。

そこから、テント芝居なのに200人近くの観客をギュウギュウに詰め込んだりしながら（申し訳ないことです）、やがて400人の劇場、800人の劇場へと進んでいきました。

分かったことは、「劇場が小さい方が間違いなく作品のインパクトは大きい」ということです。

ちょうど1980年代の「小劇場ブーム」と呼ばれる時代でしたから、多くの劇団が小さな劇場から大きな劇場へと進出しました。

そして、客席数100人前後の小さい劇場で見た時は抜群に面白かったのに、400人ぐらいの劇場で見ると、舞台との距離を感じて、なんだか物足りなく、つまらないと感じてしまった劇団がたくさんありました。

大きな劇場のハードルを越えられなかったのです。

劇場が小さければ小さいほど、俳優の熱は伝わります。物語が破綻していようが、ストーリーが混乱していようが、役者が未熟であろうが、小さな劇場の迫力は圧倒的です。

「無理に大きな劇場に行きたくないんだ」と語る演劇人に僕は何人も会いました。

▼「より多く」への懐疑

僕は、正直に言うと、400人から800人ぐらいの劇場が好きです。これぐらいの規模での、俳優の声や感情、雰囲気の伝わり方がいいと思っています。

もちろん、プロの演出家として、求められれば1000人や2000人の劇場でも演出をします。その時は、その規模にあう演出に変えます。

あるミュージカルのプロデューサーは、「ミュージカルが経済的に成立するためには、1200人から1500人の劇場が必要です」と語りました。

どれぐらいの規模の劇場を選ぶかは、好みの問題もありますが、経済的な問題の方が大きいと思います。

小さな劇場では観客数も少なく、結果、金銭的収入が少なくなり、スタッフや俳優に対するギャラや劇団運営の資金という経済問題に直面します。

演劇が経済活動として健全に維持されるためには、ある程度の大きさの劇場で公演する必要がどうしてもあるのです。

それでも、「ある程度」とはどれぐらいかと、「大きければいいわけではない」と悩みながら経済問題と劇場の規模のすり合わせを続ける演劇人は多いのです。

もっとも、演出家やプロデューサー、俳優の中には、「大きければ大きいほどいい。1万人の劇場でもいい」と思っている人もいるでしょう。なのに、観客が集まらないからしょうがなく小劇場でやっている、というケースです。

どちらが正しいという問題ではありません。

ただ、客席に座ってみれば、「より多くの人へ」ではなく、「より親密に」と僕は思ってしまいます。

観客が俳優と出会うためには、つまりは、人間が人間と直接出会うためには、適切な劇場の大きさがあると感じるのです。

はっきりしているのは、演劇は、「より多くの人へ」という現代社会の流れとは距離を置いているということです。

▼完成までの速さ

「より速く」というのも、稽古の時間を前述しましたから、演劇は真逆だと思われるでしょう。ただし、演劇は、別の意味ではそれなりに速いと言えます。

『第三舞台』という僕が作・演出を担当した劇団の場合、本番の6週間ぐらい前から稽古を始めました。台本はその時には、完成しているように心がけました。

書き始めるのは、稽古初日の約2カ月前です。公演初日から逆算すると、だいたい、3〜4カ月前に考えていたことが作品になります。(例外として、初日直前に時代が作品に追いついて書き直すこともありました。3カ月前に考えていたテーマがどんどん話題になって、もっと先を描かないとい

けなくなったような場合です）

映画だと、公開になる3年ぐらい前に構想が始まります。長ければ10年以上、短くても1年以上前でしょう。

テレビドラマも、最低でも半年以上前から構想します。

小説が出版されたり、文芸誌に載るのは、場合によるでしょうが、書き始めてから最低でも、数カ月後でしょう。

アニメは構想から作品になるのに、かなり時間がかかるでしょう。マンガも商業雑誌に載るまでは時間がかかるでしょう。自費出版で同人誌は数カ月でしょうか。（専門外なのですみません）

そもそも、僕が22歳で劇団を旗揚げして演劇を選んだのは、その当時、映画監督になれるのは一般的には35歳まで助監督を務めた後で、テレビディレクターになれるのは平均で30歳前後だと言われていて、そんなに待ってられないと思ったという理由も大きかったのです。

他のメディアに比べると、演劇は作品になるのは速いのです。

劇場を選ばず、稽古期間もはしょれば、たった今思ったことを、数日か十数日で作品として発表できます。

この速度が「演劇は社会の鏡である」と言われた理由です。今、この瞬間の時代の息吹を演劇という形で作品にできる、という意味です。

と書きながら「速かったのです」と、過去形になる時代が来ました。

自分で動画を撮って、そのままＹｏｕＴｕｂｅなどのネットに上げれば、最速、一日から数日で作品を発表できます。

もう、演劇は、構想から発表までの速さを競う意味がなくなりました。

また、演劇でも大がかりなプロデュース公演だと、２年、３年ぐらい前から企画とキャスティングをスタートするようになっています。

この場合は、「時代の鏡」としての要素は減るでしょう。

ただし、劇団などの公演で、本番の１カ月前に台本があればいい、という場合でしたら、商業ベースの映像やマンガ、小説よりはまだ速いです。

ですが、構想からの速さに注目するより、俳優を育てるための遅さを大切にすることが、演劇の特性を活かす道だと思います。

▼人間の速度への誤解

スマホは私達の生活をさまざまな面で変えました。

「承認欲求の肥大」とか「情報の蛸壺化《たこつぼ》」とか、僕はいろいろな機会に原稿に書いたり話したりしていますが、演劇的には、「人間の速度」の誤解をスマホは広めました。

スマホは、ワンクリック（ワンタップ）で情報を更新します。

もちろん、これはコンピューターの特徴ですが、スマホがそれを日常化したのです。

ワンクリックですべての風景が瞬間的に変わります。それが世界の速度だと、私達は思い込んでいるように感じます。

たしかに、思考はワンクリックで変えることもできます。昨日まではある俳優が大好きだったのに、今日からは別の俳優が一押し！　というふうに、パッと思考は変えることができます。

スマホに刺激されて、それが「人間の速度」であり、当然なことで、素早く変えられることは素敵なことだと思い込んではいないでしょうか。

けれど、思考のようには、身体は変わりません。

あなたにはこんな経験はないですか？

例えば、山盛りの仕事をなんとか片づけて、一泊二日の温泉旅行に行ったのに、なかなかリラックスできず、結局、家に帰って自宅の風呂に入った瞬間、「ふわーっ」と身体の力が抜けた、なんてことです。

頭では「温泉に来ている。リラックスしよう」と思っても、身体が昨日までのハードな仕事を覚えていて、なかなか、ほぐれないのです。

でも、これが本当の「人間の速度」なのです。

仕事で新しいマニュアルの説明を受ける――頭では分かっても、身体が理解するまでには、何日か何週間か何カ月かかかります。

新しい手順、初めてのやり方、複雑な操作、今までとは違う作り方、すべて、頭では理解しても、身体が理解するまでには時間がかかります。

それは当然なのです。頭ではなく、身体が理解していく速さが「人間の速度」なのですから。

演劇は、人間の速度は頭ではなく、身体の速度なんだと、私達に教えてくれるのです。

俳優が成長するためにはじっくり時間をかける必要があること。頭で「発声のメカニズム」が分かっていても、それを身体が理解するまでには時間がかかること。頭では「こう動いたらいい」と分かっていても、身体が納得するまでには時間がかかること。これらを教えてくれるのが演劇なのです。

頭の速度よりは、はるかに時間がかかります。ですが、その結果、たどり着いた地平は、「より速く」を目標にしていたものよりも、はるかに深く素敵なレベルになることが多いのです。

「より速く」ではなく「より着実に」を目指すのが演劇なのです。

▼正確さか、創造性か

「より正確に」というのは、かつては演劇の仕事でした。

江戸時代、心中事件が起こると、近松門左衛門や井原西鶴《さいかく》を代表とする戯作者は調べ、脚色し、何が起こったかを観客に伝えました。明治に入ってからは、演劇は世界の情報を観客に伝える役割を持ちました。

昭和の初期の俳優で、「動く姿が完全に西洋人に見える」という評判を取った人がいます。とびきりのほめ言葉でした。カツラをつけ、洋服を着て、歩き方からしゃべり方、すべてで西洋人を伝えようとしたのです。

それが、映像が身近になることで、演劇の「より正確に」という役割は終わりました。ロシア演劇でロシアの家庭とロシア人を再現しようとしなくても、映像が簡単にロシアの現在を見せてくれるのです。

「より正確に」は、「リアリティの幅」が狭い映像の特権です。

代わりに、演劇は「より創造的に」伝えることが役割になりました。

昔、写真が発明された時、「絵画は死んだ」と嘆いた画家がたくさんいました。その当時、絵画は肖像画（ポートレイト）が主流だったからです。

なんとか本人に似せようと描いても、写真にはかなわない。絵画は死んだんだ、と絶望したのです。

けれど、絵画は死にませんでした。正確な描写は写真にまかせて、創造力によって絵画は印象派やキュビズムなど、さまざまな表現へと自由に羽ばたいたのです。

演劇も、同じことが起こりました。

「より正確に」を手放すことで、多様な可能性を手に入れたのです。

▼「より親密に、より着実に、より創造的に」

つまりは、演劇は、「より多くの人へ、より速く、より正確に」ではなく、「より親密に、より着実に、より創造的に」を目指すものなのです。

猛烈な速度で進む情報化社会に対して、距離を取った立ち位置です。

スマホを否定しているかのように取った人がいるかもしれませんが、僕自身、スマホを手放すことはないと思います。

情報化社会は、好むと好まざるとにかかわらず、このままますます加速していくでしょう。情報だけではなく、ほとんどの商品は、「より多くの人へ、より速く、より正確に」を目標にするでしょう。

便利さは加速していき、そして、同時に息苦しさも加速していくと、僕は思っています。処理しきれない情報と持ちきれない商品に囲まれることは、幸福であり同時に不幸です。

南の島の巨大で快適なリゾートに憧れる人が増える一方で、アジアや南米の片隅をバックパックを担《かつ》いで歩き回る人達が消えることはないと思います。

「なるべく速く現地に着きたい」と多くの人が思う一方、ゆっくりと歩きながら、自転車で、鈍行列車で、気ままなドライブで現地に着きたいと思っている人もいなくなることはないでしょう。

演劇は、「より多くの人へ、より速く、より正確に」生きる人に、「あなたは何を失いましたか？」と問いかけるアートなのです。

「より多くの人へ、より速く、より正確に」という生き方を否定しているのではありません。場合によっては、「より多くの人へ、より速く、より正確に」生きるための知恵や活力を得るために演劇が必要かもしれません。

「最速で目的地に着く」意味を深く知るためには、「好きなだけ時間をかけて目的地に着く」という経験をした方がいいのです。

「より多くの人へ、より速く、より正確に」生きることで得られる喜びや幸せ以外にも、「より親密に、より着実に、より創造的に」生きることで得られる喜びや幸せがあるんだということを演劇は教えてくれます。

だからこそ、僕は世の中がどれほど「より多くの人へ、より速く、より正確に」なっても、演劇がなくなることはないだろうと思っています。

世の中が加速すればするほど、演劇が世界の片隅でちゃんと存在する理由も明確になるのです。

2500年前から続いている演劇は、これから先もまた何千年と続いていくだろうと僕は思っています。

▼スマホについて

スマホについて、もう少し補足しておきます。

スマホに限らず、新しいメディアは、常に人間関係を加速します。

電話が登場した時、郵便が準備する時間よりはるかに早くカップルはくっつき、別れました。

スマホもまた人間関係を加速させます。

一言で言えば、スマホは「記号化された人間」を濃密化し、「等身大の生身の人間」を希薄化します。

通勤や通学の途中に書き込む膨大な言葉は、「記号化された人間」の表現です。その言葉に傷つけられ、死を選んでしまう人もいます。カジュアルな日常の中で書かれた言葉が集中し、濃密化するのです。

けれど、書き込んだ人は人間を追い詰め、殺す、生々しいリアリティを感じていません。指一本の向こうにいる、苦しみ悩む等身大の人間と出会うことはありません。生身の人間関係を希薄化するのです。

生々しい感情と出会わないということは、快適な状態であり、同時に手応えのない曖昧で不安定な状態とも言えます。

「記号化された人間」との膨大な出会いによって、ネットでつながればつながるほど、孤独を感じる時代になりました。

他人のツイッターやインスタグラムに投稿される楽しそうな写真を見るたびに、「自分以外の人はみんな人生を楽しんでいる」「自分だけがみじめだ」と感じる感覚は「つながり孤独」と表現されます。

「記号化された人間」はスマホがうんざりするほど濃密に与えてくれますが、生身の等身大の人間の感覚はますます希薄化されます。

けれど、生身の人間と触れ合いたくて、スマホを横に置いて現実の人間と会話を始めれば、傷つく可能性があります。

なるべくなら、生身の人間から離れていたい。でも同時に、濃密な「記号化された人間」の渦に放り込まれ、「つながり孤独」を感じて淋しくてたまらない。

どこかで生身の人間を感じていたい。ただし、決して傷つくことなく、安全地帯にいながら、人間の生々しい空気と匂いを感じたい。

だからこそ、ライブ・パフォーマンスに来る人々が増え続けているのではないかと思います。現実の人間関係で苦しむのは嫌だけど、虚構の関係の中で、人間関係を堪能したい。

劇場は、客席という安全地帯にいながら、最も身近に現実の人間の存在を感じられる場所なのです。

▼距離を取りたいのか、深く交わりたいのか

ただ、「人間と距離を取りたい」という思いと「人間と深く交わりたい」という思いは、一時的に極端になっても、どちらか一方だけになることはないと思います。

二つの思いを抱えて、二つの思いに引き裂かれながら生きているのが人間でしょう。

劇場で、生身の人間が苦悩し、喜び、感情を爆発させるのを観客として見ることで、自分も、生身の人間関係の渦にもう一度飛び込んでみようと思う勇気を得ることもあるでしょう。

昔、演出家の蜷川幸雄《にながわゆきお》さんは、「人間に疲れると、派手な装置とか衣装、照明に興味が移っ

て、そういう芝居を創るんだよね。で、精神的にも体力的にも回復してくると、また、人間とぶつかる芝居を創りたくなるんだ。そういう時は、装置も衣装も照明も、シンプルになるね。人間を見せるだけで充分だから。でも、そんな芝居を創ると、人間関係に疲れ、傷つき、逃げ出したくなるんだ。で、また派手な芝居になる。その繰り返しだよ」と仰っていました。

僕はその気持ちがよく分かります。

演劇関係者だから、人間関係に強いわけではありません。

僕は、演出家生活の中で、40年以上劇団を続けています。

劇団をやっていると、「人間関係に強い」とか「濃密な人間関係が好きだ」と思われがちですが、僕自身は逆です。

飲み会はあんまり好きではありません。酔っぱらった相手の「むき出しの感情」とか「思わず出た本音」なんてものにさらされるのが、本当に苦手です。

じゃあ、なんで劇団をずっとやっているのかと言えば、それはもう、一人の力ではできないことが、集団ではできるからです。

自分の予想を裏切り、期待に応えるものができた時、集団創作というものの凄さと幸福を感じるのです。

▼演劇の始まりを考える

そもそも、演劇はどういう形で始まったのでしょうか？

様々な研究では、演劇の起源は、呪術的・宗教的行為だったと考えられています。

アニミズムと呼ばれる自然のあらゆるものに霊魂や精霊が宿るという信仰を持った人々は、天災に怯え、獣を畏怖し、闇を嫌い、収穫を祈り、踊りました。

舞踊こそが最初の宗教行為です。

仮面をつけて人間以外のものになって踊ったり、牛や馬、動物を擬して踊ったり、神々の怒りを鎮《しず》めるために踊ったり、祈ることを踊ることで表現しました。

それは、おそらく、踊ることで生きることの不安や哀しみを忘れようとしたのだと思います。だからこそ、人々は熱中し、その究極が陶酔感、トランス状態でしょう。

日本の有名な神話「天岩屋戸《あめのいわやど》」も、その典型例です。

8世紀に書かれた「古事記」から、福永武彦訳（河出書房新社）で見てみましょう。

「日の神であるアマテラス大御神《オホミカミ》が、スサノヲノ命《ミコト》の悪行《あくぎょう》を恐れて天石屋《あめのいわや》の奥深く籠《こも》り、その戸をぴったりと鎖《とざ》してしまったので、たちまちのうちに天上の高天原《たかまのはら》は太陽が沈んで暗く、地上の葦原中国《あしはらのなかつくに》も太陽が沈んで暗くなった」

神々は相談し、アマテラス大御神を天岩屋戸から引き出すために、

「男まさりの女神である天宇受売命《アメノウズメノミコト》が、天香具山《あめのかぐやま》に生える日蔭葛《ひかげかずら》を取って襷《たすき》に掛け、髪の乱れをふせぐために正木葛《まさきかずら》を取って頭に巻いて鬘《かずら》となし、さやさやと鳴る笹《ささ》の葉を束《たば》ねて手のうちに持ち、天岩屋戸《あめのいわやど》の前に、中がうつろな台を設け、そこに登って足拍子《あしびょうし》おもしろく、音のとどろくばかり踊った。その踊りの様は、神が乗り移ったかと見えるばかりで、躍り狂ううちには胸乳《むなぢ》もあらわになり、腰に結んだ裳緒《もひも》を下腹のあたりまで押し下げる勢いだった。この神《かみ》懸《がか》りの踊りのおもしろさに、高天原が揺れ動くまでに、集まった八百万《やおよろず》の神々が声を合わせて笑った」

じつに楽しそうですね。

「裳緒」とは、大昔のスカートのヒモのことで、福永武彦訳は上品なので、下腹と表現していますが、多くの訳文は、原文に忠実に、スカートのヒモを下げて「陰部」を見せたという表現になっています。

性器に対する信仰・崇拝があったのであらわにしたという説がありますが、人々が興奮し、騒ぐ声が聞こえてくるようです。

これは神話として描かれた宗教的祭礼ですが、すでに演劇へと続く要素があると僕は感じます。

ただ踊るだけではなく、衣装に日蔭葛を、頭に正木葛をつけ、束ねた笹の葉を持ち、さらに、桶《おけ》を逆さにした上に立って踊る。

当然、中空ですから音がよく響いて、陶酔へと誘《いざな》うリズムが生まれます。天岩屋戸に引きこもったアマテラス大御神を引き出すためですから、派手であればあるほどいいわけです。

ですが、より楽しくとか、より派手に、という意識は、宗教的熱狂とは微妙に違うでしょう。そこには、観客という意識が登場するのです。

全員がひとつになっていた宗教的儀式から、さまざまな理由で宗教的緊張感が消えます。儀式を繰り返すことで尊厳が消耗するという理由や、人間がただ自然や神に怯えるだけではなく精神的に成長したという理由、そして、宗教的儀式を楽しむという意識が生まれたという理由などです。

神を恐れるために踊るのではなく、踊りを楽しみ、仮面によって変身することを楽しむ流れ、つまりは宗教的祭礼から自立することで演劇が生まれたのです。

▼演劇は模倣である

前述したギリシア演劇もまた、初期には、観客を含めた参加者全員が、ディオニュソスという神の祭に自分も参加しているという自覚を持っていました。神託を最高のものと考えて神聖な儀式に参加しているという意識があったのです。

そこから、観客と出会い、物語と葛藤を見いだし、演劇として自立していきます。

アリストテレスは、「演劇は模倣である」と書きました。

神に捧《ささ》げるために、人物を丁寧に「再現」「描写」することは、虚構の意識を強化し、演劇の特徴である、「横切る者は、その行動の目的や動機が虚構であると分かっていて、同時に、見ている者も、それを分かっていながら受け入れるという前提」を準備したと、僕は考えます。

演劇が、映像や小説など他のメディアに比べて、前述したように観客を巻き込みやすいという特徴は、演劇の宗教的儀式としての出自が影響していると感じられます。

演劇には、宗教的・呪術的・儀式的・遊戯的・教育的といったさまざまな面があり、作品によって、強調される側面が違うと感じます。

ミュージカルは呪術的側面が強調されることが多く、小劇場は遊戯的側面が、一部の新劇は教育的側面が強調されたりする、ということです。

▼芸術と芸能の違い

「芸術と芸能の違いは何だと思いますか？」と聞かれたことがあります。

僕は、「芸術は、『あなたの人生はそれでいいのか？』と挑発するものであり、芸能は『あなたの人生はそれでいいのですよ』と肯定するものである」と答えました。

ただし、優れた作品には、どちらの要素も含まれていると、僕は思っています。割合が違うだけで。

僕が20代からずっと理想だと考えていたのは、芸能と芸術をつなぐ一本のロープの真ん中に位置する作品です。ロープの片側を芸術が持ち、もう片側を芸能が持ち、両者が激しく引き合う、ピンと張りつめたロープの、ちょうど真ん中辺りに立つ作品を創りたいと思うのです。

実際には、作品によって、芸術寄りになったり、芸能寄りになったりします。芸術寄りになると、「面白かったけれど重かった」とか「少し深刻過ぎた」と言われ、芸能寄りになると「楽しかったけれど、軽かった」とか「物足りなかった」と言われたりします。

ただし、最近は、メディアと想定観客数によって、理想のポジションは変わるだろうと思っています。

２００人の客席で上演する演劇作品と、予算10億円の映画作品と、土曜のゴールデンタイムのテレビ番組では、目指す理想のポジションは違うだろうと考えているのです。

けれど、割合は違っても、どちらの要素もちゃんと含んだ作品にしたいと思っているのです。

第七章　演劇の創り方

▼台本を前に考える

この本を手に取ってくれた理由が「演劇とは何か?」を知った上で「演劇を創りたいから」という人もいるでしょう。

また、演劇は人生そのものである、という考えをすれば、演劇の創り方を通じて、人生に応用できる知恵とたくさん出会うと思います。(ただし、この本は演劇入門であって、専門書ではないので、大事なことだけに絞ります。詳しく知りたい人は、拙著『演技と演出のレッスン』(白水社)を参考にして下さい)

それでは、あなたが演劇の演出をしたり、演じる場合を考えましょう。演劇部の顧問になったとか、会社の余興とか、子供のパーティーとか、友達と面白そうだからやってみるとか。

演劇は「観客と俳優」ですから、台本はあってもなくてもいいです。が、最初なので、ある方が楽だと思います。

例えば――

「コンビニの傘」

雨の日、コンビニエンスストアの店先。
買い物を終えたAは傘立てから一本の傘を取る。
差そうとすると、Bが店内から出てきて声をかける。

B「あの、」
A「えっ？」
B「その傘」
A「……」
B「あなたのですか？」
A「……ええ」
B「それ、私のだと思うんですけど」
A「えっ……いえ、私のです。ここに名前が」
B「え？　名前？　（傘を見て）……あ、ほんとだ」
A「私のです」
B「……すみません」
A「ビニール傘は区別、つかないですよね」
B「そんな……（周りを見る）」

A「……傘、ないんですか？」
B「ないんです……」
A「ないんですか……」

という台本でやってみましょう。

誰かと二人でこのセリフを覚えて、いきなりやってみたとしても、あまりうまくはいかないと思います。

いきなりラグビーボールを渡されて、「さあ、やってみて」と言われるようなものです。

たぶん、あなたは「ラグビーに似た何か」をするかもしれませんが、「ラグビーそのもの」と出会い、面白さを経験することはないと思います。

演劇もまた、同じです。

このセリフを覚えて、二人で会話しても、「演劇に似た何か」をするだけで「演劇そのもの」と出会うことはなかなかないでしょう。

「ラグビーそのもの」や「演劇そのもの」は、「似た何か」よりはるかに面白いです。

それは、「面白さのポイント」が明確だからです。

▼演劇の面白さは俳優の面白さ

ラグビーの面白さは専門の人に任せるとして、演劇の面白さとはなんでしょうか。

人によっていろいろとあるでしょうが、本書の冒頭からずっと書いている「観客と俳優が演劇である」という定義からすると、演劇の面白さとは（衣装とか照明とか舞台美術とか、いろいろなものよりも）、まずは「俳優の面白さ」だと、僕は思っています。

では、俳優の面白さとはなんでしょうか？

「面白さ」なんていう漠然とした言葉ですから、たくさんの定義が出てくるでしょう。存在感だったり、美しさだったり、滑舌だったり、身体のキレだったり、にじみ出る人柄だったりするでしょうか。

僕は、「俳優の面白さ」とは、物語の中のキャラクター（登場人物）となり、そのキャラクターとして（その役として）生きることだと思っています。

それが、本人自身の素材の良さや面白さが一番に求められるタレントやアイドルと違う点です。

作品の中の登場人物として、怒ったり泣いたり笑ったり苦しんだりすることで、つまり役を生きることで「俳優の面白さ」が観客に伝わると思っています。

物語の中で役を生きる時、俳優は、話し、身体を動かし、心も動かしています。

言葉と身体と心の三つのうち、一番大切なものはと聞かれたら、あなたは何と答えるでしょうか？「コンビニの傘」を面白く演じるためには、一番、必要なことです。

じつは、演技では、セリフよりも、動きよりも、心、つまり気持ちが一番重要なのです。うまい俳優になれば、「コンビニの傘」は、セリフが一言もなくても面白く演じられます。

教室の大きさから400人ぐらいの劇場までなら、Aが傘を取り、何も言わずBが現れ、その視線で「あなたの傘ですか？」と問いかけ、Aがうなづき、Bがそれは違うと思い、Aが「いえ、私のです」と思い……というやりとりが面白く伝わります。

それは心がちゃんと動いているからです。

そして、最も大切なことですが、演技においては、話すよりも身体を動かすよりも、心を動かす方が難しいのです。

「そんなバカな」と思いましたか？

▼心が動く時が面白い

実際に、「コンビニの傘」のような状況を想像して欲しいのですが、本当にあったとしたら、自分の傘を持っていこうとしている見知らぬ人に声をかけるのはかなりドキドキするはずです。

ドキドキし過ぎてぶっきらぼうに話しかけるとか、身構え過ぎてムッとしたまま言う、ということはあっても、心がまったく動かないまま話しかける、ということはまずないと思います。

逆に、あなたが実際にコンビニで、自分の傘を取ろうとして「その傘、あなたのですか？」と突然話しかけられたら、かなりドキドキするはずです。

相手がうんと年上だったり、怖そうな人だったりしたら、このドキドキは倍加するでしょう。

ここで、「コンビニの傘」の台本を実際に演じると分かりやすいのですが、現実の生活と同じぐらいドキドキしたでしょうか？

ほとんどの場合、全然、ドキドキしてなかったと思います。

ただ、書かれたセリフを言っただけでしょう。

どうして心が動かなかったのか、自然に動くためにはどうしたらいいかは後述しますが、とにかく、「コンビニの傘」を、心を閉じたまま、つまり気持ちがまったく動かないまま演じるのは簡単です。

でも、それは「演劇」と呼ぶには、あまりにも面白くないものです。

だから、僕はあえて、それを「演劇」ではなく、「演劇に似た何か」と呼びます。

「演劇」は、心がちゃんと動くものです。それも、日常以上に動くとより面白くなるのです。

言葉を乱発し、身体が飛び跳ねても、心がまったく動いていない俳優を見ることは珍しくないです。

残念ながら、役として生きていませんから、「演劇」の本当の面白さは感じられないのです。

どうして、心が動くと見ている方もやっている方も、面白いと感じるのでしょうか？

それは日常生活では、私達はあまり心を動かしてないからです。

「コンビニの傘」の例だと、実際には、なるべくドキドキしないように、心を閉じたり、ムッとしたまま、「あの、」と問いかける人の方が多いと思います。

心を動かすことは、危険なことだとみんな知っているのです。

「怒る」「泣く」などの激しい感情は心のバランスを失わせます。結果、感情に振り回されて、周りから笑われたり、失敗したり、恥をかいたりする可能性が高まります。

ですから、私達は、日常生活ではなるべく心のバランスを失わないようにしているのです。

けれど、同時に、私達は心が動く喜びを知っています。

「心から笑う」という気持ちよさをほとんどの人は知っていると思いますが、映画や演劇を見て「とことん泣く」というカタルシスを知っている人も多いでしょう。

身体を動かすことが身体と精神の健康に良いように、心を動かすことも、身体と精神に良いのです。

身体はスポーツというシステムで動かします。

心は「虚構の物語」というシステムで動かします。日常生活の出来事で心を動かすのは、危険で負担が大き過ぎるからです。

愛する人を失う物語を見て泣き、愛する人を奪われる物語を見て怒り、愛する人と出会う物語を見て喜びます。現実の生活で同じことが起こったら、しんどくて耐えられないからこそ、物語の中で体験するのです。

心がいろんな方向に、さまざまな距離を動けば動くほど、私達は、その「心の動き」を面白いと感じるのです。

ちなみに、傷つくことが嫌で、心をまったく動かないようにするのは、身体をまったく動かしてない状態と同じです。四畳半の狭いスペースに何年もいて、そこから一歩も出ない、歩かない、という生活を続けたら、身体がダメになってしまうでしょう。

心も同じです。ずっと閉じ込めていると、心がだんだんと朽《く》ちてきます。

ちゃんと、心を、つまり感情を動かすことが大切なのです。

身体を動かすことが「体育」という教育になり、心を動かす場合は「演劇教育」「表現教育」「ドラマ教育」となります。（詳しくは後述します）

▼「ふり」の問題

日常では、「心を閉じて話しかける」ということと同じぐらい多いのが「心が動くふりをする」ということです。

僕は電車に仲の良さそうなグループが乗り込んでくるとそれとなく見てしまいます。作家であり演出家なので、申し訳ないのですが、職業病みたいなものです。

例えば、女子高生のグループが、じつに楽しそうに会話を続け、駅に着くと一人が微笑みながらホームに降ります。

「じゃあね」と挨拶して、電車が動き出した瞬間、その女子高生はサッと真顔になります。電車の中の女子高生達は会話の続きに夢中で、もう誰もホームに降りた女子高生を見ていないからです。

本当に楽しければ、ゆっくりと感情が変わるはずです。心から楽しんだり喜んだりした場合、感情は徐々に落ち着くのです。

いきなりサッと真顔になるということは、本当の意味では笑ってなかったということです。

じつを言うと、本当の笑い声を聞くと、私達はつられて笑いがちです。電車の中で、思わず聞いている方も楽しくなるような笑い声を上げているグループだと、こういうことは起こりません。

次々に降りていく女子高生は、みんな瞬間的に真顔になります。最後に、電車に一人、ホームに一人になった時は、二人同時に冷静な表情になります。

僕は女子高生を責めているのではありません。

私達は生き延びるために、「心が動いたふり」をします。

みんなで楽しく、楽しくなくても楽しいふりをしてわいわいと語る――それは無用な衝突を避け、穏やかに生きる知恵です。

演技をしていても、同じことが起こります。

Bの役を演じる時、「ドキドキしたふり」、Aの役を演じる時、「驚いたふり」をするのです。

緊張で心が閉じてしまい、セリフが棒読みになったとしたら、それは「嘘の演技」です。誰が見ても、嘘をやっていると分かるでしょう。

問題は、「ふり」をした演技です。これを「嘘くさい演技」と僕は呼びます。

僕は演技を、「リアル」「嘘」「嘘くさい」の三つに分類します。

「演劇」から面白さを奪うのは、「嘘の演技」よりも、「驚いたふり」「戸惑ったふり」「怒ったふり」などの「嘘くさい演技」なのです。

日常では生き延びる手段ですが、演劇においては、本当のドラマをスルーする残念な手段になってしまうのです。

それが「ふり」か「リアル（真実の気持ち）」かは、本人が一番分かっているでしょう。心が動くと、具体的に感じます。お腹《なか》の辺りがぐにゃぐにゃしたり、モゾモゾしたり、身体が熱くなったり、心拍数が上がったりします。

「ふり」は終始、冷静です。心も身体も変わりません。

私達は、日常では生き延びるために、「ふり」をします。

だからこそ、演劇では、「ふり」をしてはもったいないのです。「ふり」をしてしまうと、それは演劇ではなく、「演劇に似た何か」になってしまうのです。

▼心を閉じた会話のつまらなさ

「ふり」ではなく、心を半分だけ閉じて会話した場合でも、それは日常でよく見る風景で、わざわざ、演劇として見たい風景ではないと僕は思っています。

Bが「あの、」と声をかけた状態から、最後の「ないんです……」まで、「怒られたくない」「ケンカになりたくない」または「ふざけた奴だ」とずっと思っていたとしたら、Bの心はあまり動いていません。

でも、もしBが（あっ、私の傘を持っていく！）と思って、思わず声をかけ、「えっ？」とAが言った時に（あ、声をかけちゃった。ドキドキするなあ。怖い人じゃなければいいなあ）と思いながら「その傘」と言い、Aが「……」と無言の間は、（うわっ。怒ってる？　声かけて失敗？　でも、私のだから。ここで負けてたまるか）と一瞬迷った後「あなたのですか？」と聞き、Aが「……ええ」と言うので（よし、言うよ。言うよ。負けるな、私）と自分を鼓舞しながら「それ、私のだと思うんですけど」と言い、Aが「えっ……いえ、私のです。ここに名前が」と言うのを聞いて（嘘！　何言ってるんだか！）と反発しながら「え？　名前？」と言い、そのまま傘を見て（あああっ！　私のじゃない！）と驚きながら「あ、ほんとだ」と言う。

……というふうに、Bが最初から最後までひとつひとつのセリフに反応していると、Bの心は結果的にたくさん動くことになります。

Aで言えば、突然「あの、」と話しかけられて（え!?　なんだろう？）と戸惑い、「その傘」と言われて（傘!?　傘がどうしたんだろ？）と驚き、「あなたのですか？」と聞かれて、（そうだよ。なんで聞くの？）と疑問に思い、「それ、私のだと思うんですけど」と言われて（そんな!?　待って。私間違えてる？……いやいや、ほら、名前、あるし）と心が動きながら、「えっ……いえ、私のです。ここに名前が」と言い、「え？　名前？」（傘を見て）……あ、ほんとだ」とBが言うのを聞いて、（すぐに納得してくれて良かった）と安心する。

……なんてことです。

誤解しないで欲しいのですが、AもBも、心の動きの唯一の正解を解説しているのではありません。

実際に上演する時、AとBが男同士の場合と女同士、そして男女ペア、同い年の二人と年が離れた二人では、心の声（演劇用語では、「サブ・テキスト」と言います。セリフの下にある気持ちです）は全然違うでしょう。

Bがものすごくイケメン君か美人さんだったら、Aは「あの、」と言われた瞬間に（あ、タイプ）と思うかもしれません（笑）。


テレビドラマとかを見ていて、思わず、スマホをいじりたくなるのは、予想がついた時じゃないですか？　ドラマの展開とか登場人物の反応が全然意外ではなくて、全部想定内だと私達は退屈します。

けれど一回一回、登場人物の心がちゃんと動いていると、簡単には予想できないのです。

Bが「その傘」と言い、Aが「……」と無言になり、その結果、Bが一瞬はっきりと迷えば、次のセリフはどうなるか、簡単には予想はつきません。

予想がつかないものは面白いのです。

と言って、Aが沈黙してしまった結果、Bがビビッて、傘を諦めてしまったとしたら、観客は「やめるの!?」と落胆するでしょう。

現実にはそういうことはありますが、演劇の作品としては、観客は喜ばないでしょう。

極端に言えば、冒険に出発した主人公が、途中で、「怖い」とか「疲れた」とか言って、そのまま幕が下りるような物語です。

観客は主人公と物語に感情移入した時間を返せと思うんじゃないでしょうか。

ですから、どんなにBが迷っても、物語としては、「その傘は私のだと思う」ということは伝えないといけません。

心の動きは簡単に予想できないレベルだけど、同時に大切なことを捨ててはいけないのです。

これを「予想を裏切り、期待に応える」と表現します。

俳優の演技が予想を裏切り、期待に応えるレベルだと、観客は目が離せなくなります。

予想がつかない、ということは別の言い方だと、「ニュアンスに溢れている」です。

ニュアンスという「細かな感情やイメージ」が豊富ということです。

Bが「その傘」と言い、Aが「……」と無言になった瞬間、Bの顔が（ヤベッ！）とかすかに変わったり、「あなたのですか？」という声が最初は震えていたのに最後はしっかりしていたりしたら、観客は「見るべきもの」「感じるべきもの」をたくさん受け取ります。

それが、小さな感情やイメージ、つまりニュアンスが豊富だということです。ニュアンスが演技の中にたくさんあると面白い演技になりますから、観客は目が離せなくなり、スマホを見ている場合ではなくなるのです。

「予想を裏切り、期待に応える」は、じつは、あらゆるスピーチや表現の基本だと僕は思っています。予想した通りで、こんなものかという「予想通りで、期待に応える」ことより、予想できない表現だけど全然面白くないんだよという「予想を裏切り、期待も裏切る」より、「予想を裏切り、期待に応える」ことが素晴らしいのです。

▼演技は「心の旅」

ニュアンスは俳優が心をたくさん動かすことで生まれます。

つまり、演技とは「心の旅」を経験し、それを見せるものなのです。演劇は「心の旅」を見せるものだとも言えます。

「心の旅」は、長ければ長いほど、観客にも俳優にも面白いのです。

最初から最後まで「ムッとしたまま」のBの「心の旅」はとても短いです。

「ムッとした」出発地点からずっと足踏みを続けて、最後までほとんど旅をしてないと言ってもいいです。

でも、自分の傘を持っていこうとしている人に（思わず言って）（言った自分に驚き）（相手の沈黙にビビッて）（それでも頑張って言って）（嘘言ってと一瞬ムッとして）（事実を知って恥ずかしくなり）（ごめんと反省し）（じゃあ、私の傘はどこなの？　と哀しくなり）（これからどうしようと途方に暮れる）と心を動かすと、じつに長い「心の旅」になります。

「長ければ長いほど面白い」と書きましたが、もちろん、限界はあります。嘘で無理をして長くしてはいけません。

例えば、「あの、」という最初の言葉を激怒して始めて、最後の「ないんです……」を泣きながら言えば、かなり長い「心の旅」になりますが、ちょっと無理があり過ぎだろうと思います。

コンビニで自分の傘を持っていこうとしている人に、いきなり激怒しながら「あの、」と言うことは、なかなかないと思います。

あるとすれば、例えば、「コンビニで傘をもう3回盗まれている」とか「ものすごく嫌なことがあってムシャクシャしている」とかでしょうか。

それでも、「激怒」というレベルになるのは難しいと思います。

また、いきなり怒りながら「あの、」と言う登場人物に感情移入する観客はほとんどいないでしょう。

観客は「コンビニで傘を間違って持っていかれるってあるよなあ。大変だなあ」というレベルで物語に参加します。

「あの、」とすごくドキドキしながら言う人がいたり、半分心を閉じながらとか、ものすごくためらいながらとかさまざまですが、そこからのスタートなら、観客は感情移入しやすいでしょう。ですが、いきなり激怒とか泣きながらでは、戸惑う人の方が多いでしょう。


どうして「あの、」と激怒しながら言ってしまうかというと、演技を「役を生きるもの」ではなく「アピールするもの」だと思っているからです。

演技の目的が、観客に面白いと思ってもらいたいとか、好かれたい、目立ちたいということだと、演技は「心の旅」ではなく、「アピール」になります。

それは間違った目的なのです。（詳しくは、「目的と障害」の所で書きます）

演技は、あなたが一番隠したいと思っている恥ずかしい部分や見せたくない部分を見せることです。

「アピール」する人は、自分をかっこよくとかきれいに見せようとしがちです。

「コンビニの傘」で、「あの、」と言われて「え？」と言う時、ちゃんとドキッとするのは恥ずかしいです。「なんでもないスよ」とクールに反応した方がかっこいい感じがします。

でも、それでは「心の旅」は短いままです。

こんな例え話はどうでしょうか。

あなたは心を許した人と二人きりで部屋にいる。とてもリラックスしているので、ちょっとした言葉「やせた?」とか「かっこよくなったね」で幸せになるし、「太った?」「その服、イケてないよ」で本当に哀しくなる。そんな無防備な心の状態。

次の瞬間、ゆっくりと部屋の片方の壁が倒れ始めて、その壁の向こうに何百人という観客か何台ものカメラが見えてくる。

あなたは、何百人という観客か何台ものカメラに対して、無防備な心のまま向き合う——それが、演技の時の心の状態なのです。

もちろん、普通の人は、身体を観客やカメラに向けている間に、「シャキーン! シャキーン!」と心に鎧《よろい》をつけたり、バリアを張ったり、心のシャッターを下ろしたりします。

無防備な状況だと傷つく可能性が高いので、自分を守ろうとするのです。

ですが、俳優の仕事は傷つくことなのです。

なぜか? 前述したように、観客は安全地帯にいて生身の人間の生きざまを見たいと思っているからです。

観客は絶対に傷つきません。傷つきたくないからこそ、観客席にいるのです。

だからこそ、プロ・アマ問わず、俳優の仕事は積極的に傷つくことです。

それが、「心の旅」をリアルに長くするのです。

もちろん、恥ずかしい部分をただ吐き出せばいいのではありません。セリフを覚えて、練習によって決まったリズムとテンポと立ち位置を守りながら、恥ずかしい部分をさらけ出すのです。それが、どれだけ難しいか、分かるでしょう。


念のために書いておきますが——例えば、恋人同士の役になって、稽古場で「いちゃつく演技」を稽古したとします。とても恥ずかしいことですが、でも、心を無防備にして演技をしないと、見ている人にすぐばれます。

気取ったり、隠したり、照れたりしていちゃついても、説得力はないのです。

ですが、練習が終わった後、恋人役をやった俳優に「お前、いつもあんな風に恋人といちゃついてるの？」とニヤニヤしながら近づいた人間がいたら、僕はすぐにその人に向かって「もう稽古場に来なくていい」と告げます。

稽古場は、自分をさらけ出す場所です。だからこそ、傷つきます。でも、それは、稽古の間だけです。もし、稽古が終わった後、こんなふうにからかわれたら、その俳優は二度と人前で自分の恥ずかしい部分を差し出すことはなくなるでしょう。

こういうからかう人が一人いるだけで、稽古場の雰囲気は最悪になります。みんな、なるべく恥をかかないように、本音を表現しないようになるのです。

だから、プロ・アマ問わず、こういうことを言う人が稽古場にいてはいけないのです。

稽古場は安心して自分の恥ずかしい部分を差し出せる場所、失敗が許される場所でなければいけないのです。

演出家の仕事のひとつは、稽古場を「みんなが安心して失敗できる場所」にすることです。

▼演技はセリフの決まったアドリブ

真面目な人ほどさんざん練習して、セリフの言い方を固定しがちです。

演技を今を生きるものではなく、復習のように考えてしまうのです。

Bの役を演じる時、「（その傘）あなたのですか？」と言い、Aが「……ええ」と答えた後「それ、私のだと思うんですけど」というセリフの言い方は、Aがどんなふうに「……ええ」と言うかで決まってきます。

驚きながらか、怯えながらか、少しムッとしながらか、攻撃的にか、いろんな「……ええ」の言い方があるでしょう。

つまり、「……ええ」という言葉を聞かないと、次のセリフは言えないのです。

けれど、多くの人は、「あなたのですか？」と言ったら、もう、頭の中で、次のセリフ「それ、私のだと思うんですけど」を言う準備を始めるのです。

相手の言葉を聞いてないのです。

日常ではこういうことはあります。

心を閉じて会話していると、相手がどんな言い方をしても関係なく、こっちの都合で話す場合です。

でも、それではとても「心の旅」が短くなります。

演劇として面白いものにはなりません。

その瞬間に生きて、相手の言葉に敏感に反応することが、「心の旅」を長くする方法です。

例えば、「コンビニの傘」が3回上演されたとします。

初日、「あなたのですか？」とBに聞かれたAは、初日の緊張からか、少し怯えたように「……ええ」と言うかもしれません。

それを聞いたBの「それ、私のだと思うんですけど」という言葉は、少し遠慮がちになるでしょう。

二日目は、Aもリラックスして、やや軽く「……ええ」と言ったとします。Bのセリフは軽さに反応して、少し優しくなるでしょう。

三日目、Aは最後なので後悔のないようにと思って、少し強気で「……ええ」と言ったとします。Bは、やや驚きながらセリフを言うかもしれません。

Bの反応は、正解を書いているのではありません。

相手の「……ええ」という言い方によって自然に反応するだけです。

ちゃんと聞くことで、言い方が自然に決まってくるのです。

演技はセリフが決まっていますが、言い方は、その瞬間の相手のセリフ次第なのです。これが「演技はセリフの決まったアドリブ」という意味です。

演劇はインタラクティブだと書きましたが、演技もまたインタラクティブということです。

前述した大高洋夫の「舞台の上で漂う感覚」はこれです。

もちろん、Aの「……ええ」の気持ちは、大きくは変わりません。

初日は怒りながら言って、二日目は笑いながら三日目は泣きながら言ったりしては、作品が何を描きたくて、どこに向かっているか分からなくなります。（作品の「超目的」については後述します）

演出家や相手役とのやりとりで、「基本的には、敵意や警戒ではなく戸惑いの感情にしよう」と決めたとします。

それでも、初日は緊張していて、二日目はリラックスしていて、三日目は名残惜しいと、基本は「戸惑いの感情」ですが、微妙に違うのです。

その微妙な違いが重要なのです。

緞帳の上がる速度が観客の状態によって0コンマ何秒変わるように、演技もまた相手の言い方や感情、イメージの微妙な違いを感じて変わるのです。

その変化はほんのわずかですが、決定的なのです。

まさに、「神は細部に宿る」です。


演技は「考えることと感じること」を両立させることだと前述しました。

これは、「演技はセリフの決まったアドリブ」の別の言い方です。

演技は、考えなければいけません。セリフを覚えて、練習して決められた間とテンポと立ち位置、動線（どこから舞台に出て、どこに引っ込むか）などを意識しなければなりません。でも、同時に、その瞬間の相手役の言葉や空気、感覚、動きを感じなければいけません。

「考えること」に集中してしまうと、心がどんどん醒めてしまいます。

「感じること」に集中すると、心が解放され過ぎて、セリフが飛んだり、立ち位置がズレたりします。

ちゃんと考えながら、深く感じることができれば、つまり、「考えることと感じること」を高いレベルで両立させればさせるほど、面白い演技になるのです。

そして、これもまた、あらゆるスピーチの基本です。

あなたがプレゼンなど、人前で話す時に、話す内容を考えることが必要です。でも、同時に、聴衆の反応を感じる必要があるのです。

聴衆が退屈していると感じたら、その部分ははしょって伝えるとか、食いついてきている感じがしたら、少し丁寧に話すとか。

卒業式や入学式などで、偉い人の話が退屈なのは、彼らは、「考える」ことしかしてないからです。

ただ事前に考えたスピーチを読むだけなのです。必要なのは、読みながら感じることです。感じれば、読み方の速度、表現、言い方などを変えることができるのです。そういう人を「スピーチの達人」と呼ぶのです。

▼「自画像」という練習方法

それでは、「コンビニの傘」を上演するためには、どういうステップを踏めばいいのかを説明しましょう。

「コンビニの傘」のA（またはB）をいきなり演じて、「演劇」ではなく「似た何か」になった理由は、自分の役であるA（またはB）のことをよく知らなかったからです。

知らないとちゃんと演じることはできません。逆に言うと、知っていると演じられるのです。


演劇界で有名な「自画像」という練習方法があります。

今まで生きてきた自分の人生の中で、大笑いしたとか面白かったとか苦しかったなどの忘れがたい場面を、五分から一〇分の一人芝居にするものです。

「自画像」の発表は、たいてい、面白いものになります。

ひとつは、忘れがたい場面は、心が激しく動いているからです。

そして、それを演じる時、自分は一度経験しているので、「心が動いているかどうか」を簡単に判断できるからです。

やりながら「違う。あの時はもっと心が痛かった」とすぐに分かるので、心が動くことに敏感になれるのです。

そして、一番の理由は、演じる役を、つまりは自分のことですが、よく知っているからです。


もし、この「コンビニの傘」のBが「自画像」だったとしましょう。

忘れがたい場面になるためには、傘を持っていこうとした人（A）と今は恋人同士になっているとか、その傘はじつは自分の傘だったのに、相手（A）が嘘をついて持っていこうとしたから激しいケンカになった、なんてことでしょうか。

Bの役が、あなたに本当に起こったことと考えますから、自動的にいろんなことが決まってきます。

「あなたの職業はなにか？」「あなたの収入（または仕送り、またはお小遣い）はどれぐらいか？」「雨はどれくらい降っているのか」「どうしてコンビニに寄ったのか」「コンビニからどこへ行く予定なのか。自宅か仕事（学校）か」「目的地は近いのか、遠いのか」「Aはどんな人だったのか」等々……。

たくさんありますが、本当にあった人生の一場面ですから、分からないことはないでしょう。

もし、あなたが学校か仕事に行くつもりで、でも土砂降りで、その場所は遠くて、このまま傘がないとびしょ濡《ぬ》れになってしまう、だけど、ビニール傘が５５０円だとして、もう一本買う余裕はない、というかそんなことでお金を使いたくない、という時なら、「あの、」という言い方は少しきつくなるかもしれません。

もし、すぐ近くの自宅に戻る予定で、雨はほとんど降ってなくて、大好きなスイーツを買った後だったりしたら、「あの、」の声は少し柔らかくなるかもしれません。

「自画像」は自分に起こったことですが、役を演じる時もまた、こういったさまざまな要素が明確にならないと、「あの、」の言い方は決まらないのです。

▼スタニスラフスキーの「与えられた状況」

これは、演技を体系的に追求したロシアの俳優兼演出家スタニスラフスキー（1863〜1938）の「与えられた状況」という考え方です。

スタニスラフスキーは、演じる役の「4W（who where when what）」を明確にすることが大切だと言いました。

これら「与えられた状況」が、具体的で明確であればあるほど、あなたの演技は具体的で明確になるのです。

「自画像」なら、この四つは自動的に分かりますね。思い出すだけです。

話は少しそれますが、ですから、「自画像」は、見るのが辛《つら》くなる作品もあったりします。「両親が離婚して、父親が出ていく日の会話」とか「許せないいじめを受けた日」などは、演じる本人の感情が溢れ出て、胸が痛みます。

楽しい作品は見ていて幸福になります。「親友と学校をさぼって海に行った日」「好きだと告白した瞬間」「バイトの笑えるドジ話」など、演じる人の心が楽しく動き、見ている方の心もまた楽しく動くのです。

ですから、他の役をやる時も、まるで「自画像」のように、「4W」を詳しく決めた方が、あなたの心は動くのです。

「who」は、「あなたの演じる役はどんな人なのか?」ということです。つまり、役の「名前、年齢、職業、学歴、出身地、家庭環境、経済状態、健康状態、趣味、心配事、社会的地位、体質……」まだまだあるでしょう。

別な言い方をすれば、「自画像」を演じるあなたを作り上げた個人的要素です。

「where」は、「その役に関係する場所はどこか?」ということです。

「コンビニの傘」の場合だと、コンビニの場所がまず重要ですが、それだけではなく、Bの自宅はどこにあって、実家なのか安いアパートなのか高級なマンションなのか、Bの部屋はどんな様子で、棚には何が並んでいて、カーテンはどんな柄なのか、ということも場合によっては密接に関係してきます。

もし、「コンビニの傘」のBが、地方から俳優になろうとして出てきた若者だとしたら、「アパートの家賃はいくらなのか?」「本棚にはどんな本があるのか?」「洗濯機はあるのか?」というようなことが、Bの気持ちに影響すると思いませんか?

「when」は、「その役に関係する時間はいつか?」です。

ドラマが起こっている時間はいつなのか？　「コンビニの傘」なら、朝なのか、夕方なのか、深夜なのか？　何曜日なのか？　例えば、金曜日の夕方、やっと仕事（学校）が終わり、明日から休めると思っている時に傘を間違われるのと、月曜の朝、また1週間が始まるんだとうんざりしている時に間違われるのでは、反応が変わってくるでしょう。

「ｗｈａｔ」は、「今、この瞬間、何が起こっているのか？」ということです。

「コンビニの傘」の場合、最初の「あの、」と言う瞬間は、「自分の傘を持っていこうとしている人がいるから、声をかけた」ということです。

それ以上でも以下でもありません。

「自分の傘じゃないのに、早とちりして間違えて声をかけた」なんてことは起こっていません。

それは、結果であって、この瞬間とは何の関係もないのです。

どうしてこんなことをわざわざ言うかというと、たまに、「結末を意識して演技している」人を見るからです

例えば、「出会った瞬間に、激しい恋に落ちた二人が、やがて、親や親友の反対に絶望して、屋上から手をつないで飛び降りる」という物語があるとします。

出会った瞬間は、二人は激しく恋の炎を燃やしているだけです。

ところが、二人とも最後のシーン、心中するシーンまで稽古しているので、出会った瞬間に

どこか湿り気というか切なさが漂うような演技になりがちなのです。

「コンビニの傘」の場合だと、とにかく声をかけてドキドキしている、ということです。後々のことは分からないのです。

以上の「4W」を明確に決めれば決めるほど、あなたの演技は明確に、面白くなると、スタニスラフスキーは言ったのです。

「コンビニの傘」の場合は、AでもBでも、まず、あなただと思ってやってみるのがいいと思います。「自画像」方式です。

ただし、Bをあなたに決めたとしても、あなたはいろんな状況を生きています。

例えば、前述した167ページの「土砂降りで余裕がない時のあなた」と、「スイーツを買って余裕がある時のあなた」だと、心の動きが全然違うでしょう。

どちらの状況を選んでも実際のあなたですから、嘘の演技になる可能性は低いと思います。

そういう時にお勧めするのは、「心の旅」が長くなる方です。つまり、あなたの心がより動く設定を選ぶのです。

この場合だと、間違いなく前者、土砂降りで遠くへ行かないといけない場合ですね。

ひとつひとつ、そうやって心が動く方を選ぶのです。もちろん、無理して嘘を選ばないのは、当然のことです。

▼「自意識」は演技の敵

「与えられた状況」を細かく決めて集中することによって、あなたはあなたの「自意識」から楽になることができます。

じつは、このことが「与えられた状況」を具体的に詳しくイメージする重要な理由です。

演技で一番の敵は、「自意識」です。

「自意識」とは、「うまくやろう」とか「恥をかきたくない」「友達に笑われたくない」という意識です。

「自意識」が心の動きを停止させます。

「自意識」は、やっかいなことに、忘れようとか気にしないようにしようと思えば思うほど、あなたの前に立ちふさがり、あなたの心の柔軟な動きを凍りつかせます。

そういう時は、自意識を無視しようと考えるのではなく、「与えられた状況」に集中するのです。

外は雨が激しく降っていて、これから学校（仕事）で、濡れるわけにはいかなくて、でも、知らない人が私の傘を手に取っていて、怖そうにも見えるけど……等々の「与えられた状況」

に集中すると、「自意識」に回すエネルギーは減ってきます。

人間の集中力や思考力は有限です。無限ではありません。

周りを気にするからどんどん「自意識」にエネルギーが注がれるのです。でも、「与えられた状況」に集中すれば、結果的に「自意識」に注ぐエネルギーは少なくなり、あなたの心は自由に動くようになるのです。

「落ち着こう」とか「リラックスしよう」「周りを無視しよう」ではなく、とにかく、目の前の「与えられた状況」をイメージするのです。

それが、心を動かす一番確実な方法なのです。

▼目的を明確にする

「与えられた状況」が明確になったら、次にその役の「目的」を明確にします。

これが役にとって、とても大切なことです。

「目的」は、「動機」とは違います。

「コンビニの傘」の冒頭、Bが「あの、」と言う「動機」は、「あ、傘を持っていかれる！」とか「困る」「ヤバい！」です。

「目的」は、「Aを止めたい」です。

重要なことは、「目的」は演じられるけれど、「動機」は演じられない、ということです。「目的」は、あなたにするべきことを教えてくれます。「Aを止める」ために何をしたらいいかを教えてくれるのです。

「動機」は、あなたの心の状態を説明するだけで、演技の手がかりをくれません。「ヤバい！」は、具体的にどんな演技をしたらいいか教えてくれないのです。

なので、それぞれの演技には、明確な「目的」が必要になります。

それも、具体的な目的です。抽象的な目的は、演じられないからです。

Bが「あの、」と言いながら、「世界を信じたい」とか「我が身の不幸を呪いたい」というような抽象的な「目的」を持っても、どう演じていいか、分からないでしょう。

ひとつひとつ、解説した方が理解が簡単でしょう。（セリフの後に書いている目的は、唯一の正解ではなく、ひとつの解釈です）

「コンビニの傘」

買い物を終えたAは傘立てから一本の傘を取る。（目的・帰りたい）

差そうとすると、Bが店内から出てきて声をかける。（目的・Aを止めたい）

B　「あの、」

A「えっ？」（目的・声をかけてきた人を確認したい）
B「その傘」（目的・傘を取り返したい）
A「……」
B「あなたのですか？」
A「……ええ」（目的・何が言いたいのか確認したい）
B「それ、私のだと思うんですけど」
A「えっ……いえ、私のです。ここに名前が」（目的・誤解を解きたい）
B「え？　名前？」（目的・名前を確かめたい）
（傘を見て）……あ、ほんとだ」（目的・現実を受け入れなければいけない）
A「私のです」（目的・はっきりと伝えたい。または、話を終わらせたい）
B「……すみません」（目的・誤解したことをあやまりたい。または、恥ずかしくて逃げ出したい）
A「ビニール傘は区別、つかないですよね」（目的・なぐさめたい。または、場の空気をなごませたい。または、自分を落ち着かせたい）
B「そんな……（周りを見る）」（目的・自分の傘を見つけたい。または、間違えたことをごまかしたい）
A「……傘、ないんですか？」（目的・相手の事情を知りたい。または、なぐさめたい）

B「ないんです……」（目的・どうするか考えなければいけない。または、この場を去りたい）
A「ないんですか……」（目的・これ以上何が言えるか考えたい。または、もう終わりにしたい）

セリフの後に何も書いてない場合は、前の目的がそのまま続いていることを意味します。Bの「あの、」の目的は、その前の目的、「Aを止めたい」と同じということです。

例えば、最初の「あの、」と「その傘」の両方の目的を同じ「傘を取り返したい」とすることはもちろん可能です。

ただ、「あの、」を「Aを止めたい」という目的にして、「その傘」が「傘を取り返したい」という目的だと意識すると、演技のニュアンスは豊かになります。

無意識に演技をしていると、前者のように同じ目的になんとなくなる場合が多いです。

ですが、目的を明確にすると、ニュアンスが増え、演技が面白くなる可能性が高いのです。

その基準は、やはり「心の旅」が長くなる方を選ぶ、です。

ただし、演技の時に、いちいち、この目的を意識したり、思い出したりして話してはいけません。

これはすべて、事前の準備です。詳しくは後述します。

ちなみに、目的には、具体的で個別のものとは別に「超目的」と呼ばれるものがあります。

その役の一貫した目的です。

『ロミオとジュリエット』は知っていますね（知らなければ、ググッて下さい）。世界で一番有名な恋人達の役の「超目的」は、「ジュリエットとずっと一緒にいたい」「ロミオと添《そ》い遂げたい」というものでしょうか。

個別には、目的はシーンで細かく変わります。「キスしたい」だの「結婚式をあげたい」だの「両家を仲直りさせたい」だの、たくさんありますが、「超目的」はひとつです。

「コンビニの傘」の場合、Bの「超目的」は、「傘を取り返したい」です。

Aの「超目的」は「誤解を解きたい」でしょうか。（もちろん、これも数学のように唯一の正解があるわけではなく、演出家と俳優が話しながら決めていくものです）

▼障害を考える

目的が明確になったら、その実現をじゃましているもの、障害を明確にします。

どんなものでも、目的が簡単に実現してしまうと、面白さがなくなるからです。

古今東西、あらゆるドラマは、主人公達の目的と、それをじゃまする障害との「葛藤」が面白さの根本です。

障害は、なにもハリウッド映画が繰り返し登場させる過激テロリストだけではありません。愛する人の善意とか存在も、ドラマによっては障害になります。

例えば、結婚を決めたばかりのカップルのどちらかに、海外の支社への転勤が決まる、なんて場合です。二人とも、自分の仕事をやめたくない、でも、結婚して一緒に暮らしたい、海外での仕事はやりがいのある重要な仕事だが、最低でも五年は戻って来られない、そんなケースです。

面白いドラマは、予想を裏切る「目的と障害」の組合せで、期待に応える葛藤を見せてくれるのです。

これもまた、「コンビニの傘」を例に見ていきます。

なお、「目的は同じで障害が変わる」場合や、「目的は変わるが障害は同じ」場合があります。もちろん「目的も障害も変わる」場合もあります。そのたびに感情やイメージ、つまりニュアンスは変わるでしょう。


「コンビニの傘」

買い物を終えたAは傘立てから一本の傘を取る。（目的・帰りたい　障害・雨が激しい、濡れた

くない、めんどうくさい）

　差そうとすると、Ｂが店内から出てきて声をかける。（目的・Ａを止めたい　障害・声をかけるのに慣れてない、Ａが去ろうとしている）

Ｂ「あの、」

Ａ「えっ？」（目的・声をかけてきた人を確認したい　障害・知らない人だという驚き、戸惑い）

Ｂ「その傘」（目的・傘を取り返したい　障害・声をかけるのに慣れてない、なるべくなら言いたくない、きつくならないようにしたい）

Ａ「……」

Ｂ「あなたのですか？」（障害・怒らせたくない、なるべく丁寧に言いたい）

Ａ「……ええ」（目的・何が言いたいのか確認したい　障害・言いたいことが分からない、まともな人かどうか分からない）

Ｂ「それ、私のだと思うんですけど」

Ａ「えっ……いいえ、私のです。ここに名前が」（目的・誤解を解きたい　障害・分かってくれる人かどうか不安、怒り出すかもしれない）

Ｂ「え？　名前？（目的・名前を確かめたい　障害・予想外のことを言われた驚き）

（傘を見て）……あ、ほんとだ」（目的・現実を受け入れなければいけない　障害・失望、受け入れた

くない哀しみ）
A「私のです」（目的・はっきりと伝えたい。または、話を終わらせたい　障害・丁寧な言い方に注意、ヤケになられたら嫌だ）
B「……すみません」（目的・誤解したことをあやまりたい。または、恥ずかしくて逃げ出したい　障害・恥ずかしい、悔しい）
A「ビニール傘は区別、つかないですよね」（目的・なぐさめたい。または、場の空気をなごませたい。または、自分を落ち着かせたい　障害・この言い方であっているのか確信がない、相手の感情を逆《さか》撫《な》ですることにならないか不安。まだドキドキしている）
B「そんな……（周りを見る）」（目的・自分の傘を見つけたい。または、間違えたことをごまかしたい　障害・傘が見つからない、どうしたらいいか分からない）
A「……傘、ないんですか？」（目的・相手の事情を知りたい。または、なぐさめたい　障害・こんなこと言っていいんだろうか、余計なことを言ってないか不安）
B「ないんです……」（目的・どうするか考えなければいけない。または、この場を去りたい　障害・どうしたらいいのか分からない。哀しみ。絶望）
A「ないんですか……」（目的・これ以上何が言えるか考えたい。または、もう終わりにしたい　障害・どんな言葉を言えばいいのか分からない）

……というようなことです。

▼演技を始めたら、すべて忘れる

念のために繰り返しておきますが、この「目的と障害」もまた、演じている時に、いちいち考えるわけではありません。

ただし、準備は念入りにします。神は細部に宿るので、「目的と障害」の組合せが増えると、ニュアンスも増えます。

ですが、演技を始めたら、すべて忘れます。

こんな例え話はどうでしょうか——。

デートとか親しい友達をもてなす時に、一日の計画を綿密に練って、駅からどう歩いて、どの喫茶店で休んで、何を見て、どこのレストランで食事をしたらいいか、徹底的にリサーチして決めたとします。脳内で何度もシミュレーションして、準備は万全です。

が、当日、激しい雨になったとか、やって来た相手が体調が悪そうだという場合、すべての計画は忘れます。そして、アドリブで進めます。

綿密なリサーチをしているので、ひょっとしたら、予定外のすぐ近くにある素敵なレストランを思い出すかもしれません。周到な準備をしたからこそ、柔軟なアドリブができるのです。

一番ダメなパターンは、天気や相手の体調を無視して、決めた計画を無理やり押し通そうとすることです。

演技も同じです。事前にさんざん考えますが、会話を始めたらすべて忘れて、インタラクティブに身を任せます。

演技は、セリフの決まったアドリブだからです。

一瞬でも演技の途中で、「このセリフの障害は〜だ」と思ったら、演技は死にます。その瞬間に生きてなくて、復習になるからです。

逆に言うと、事前に考えることは必要です。考えてないと、ただのぼんやりとしたイメージで終わることが多いからです。

なぜなら、日常では、「目的と障害」を考えないで話したり、行動することはよくあるからです。

自分が何を言いたいのか分からずグダグダと話し続けたり、何をしたいのか分からずただブラブラすることは、珍しいことではありません。

ただし、演劇作品として人前で見せる時には、そんな状態だと観客は許してくれません。

2時間の芝居の間、ずっと、主人公が「私は何がしたいの?」「本当にやりたいことは何?」

とウダウダして、何も始まらず唐突に終わる物語です。人生ではよくあるでしょうが、作品として見る気になるでしょうか。

「目的と障害」が正しく葛藤すると、じつは、あなたを苦しめる「自意識」はますます弱くなってきます。

「その傘」とあなたが言う時、あなたは「傘を取り返したい」と思いながら、同時に、「声をかけるのに慣れてない、なるべくなら言いたくない、きつくならないようにしたい」ということに集中するのです。

つまりは、葛藤するのです。

そこに精神エネルギーを使えば使うほど、観客とか周りを気にする余裕がなくなるのです。

「与えられた状況」と「目的と障害」に集中することによって、「自意識」が、あなたの目の前に立ちふさがる敵の状態から、後ろ側に回って、あなたを見守ってくれる友人の立場になることを見つけたのがスタニスラフスキーの偉大なる業績なのです。

ちなみに、作品を見たり読んだりしていて、「お、やっと面白くなってきた」と感じた時は、本物の「目的と障害」がちゃんと対立した瞬間です。

逆に「あれ、急につまらなくなってきたぞ」と感じた時は、「目的」と「障害」の両方、あるいは片方が消えたか抽象的になった場合です。

話は少しそれるのですが、「目的と障害」ではなく、「作品のテーマ」や「セリフの意味」を明確に伝えようとする演技を見ることがあります。

セリフの歴史的な意味とか社会的な意義を強調して言おうとしたり、自分の解釈を理性的に伝えようとする演技です。

まるで、大学の講義を教室で聞いているようで、そういう演技を見るたびに、僕は「演劇は文学の立体化ではない」と思います。

そういう演技をする俳優は、全身で役を生きてないと感じます。思わず、「身体に熱い血は流れてないのか!?」と聞きたくなるのです。

演出家に厳しく言われてしまったのかなあと、同情したりもします。何回も何回も、演出家に「セリフの意味」の説明を受けてしまったのでしょうか。

本当に舞台の上で役を生きていたら、だんだんと「セリフの意味」を解説することが嫌になるはずだけどなあと思うのです。

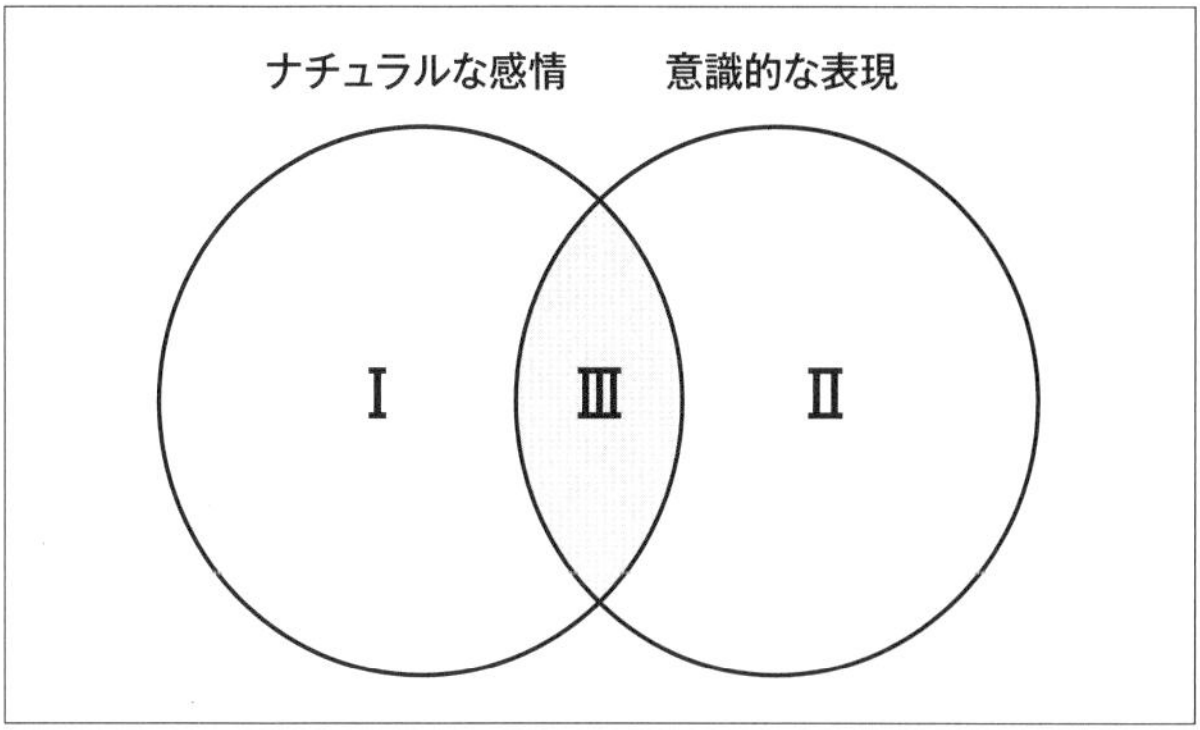

▼「行動」

さて、「与えられた状況」と「目的と障害」が明確になったら、いよいよ、セリフを言いながら、動きます。

上の図を見て下さい。

左側の円は、「ナチュラルな感情」です。右側の円は「意識的な表現」です。

この二つが合わさった部分Ⅲが「うまい演技」だと、僕は定義しています。

「ナチュラルな感情」とは、文字通り、本当に笑う、泣く、怒る、というものです。

「与えられた状況」「目的と障害」をはっきりと意識して、何度も練習すれば、やがて、ナチュラルな感情になれるでしょう。

その時、「棒立ちのまま」「座ったまま」セリフを言うというのが、Ⅰの部分です。つまり、動きに対する明確な意識がない状態です。

Ⅱの「意識的な表現」とは、無自覚な状態ではない、あらゆる意識的な動きです。

例えば、幕が開くと、舞台中央に傘を取ろうとしているAがいるとします。

Bが舞台の上手《かみて》から出て、Aに小走りに三歩近づいて立ち止まって「あの、」と言い、さらに大股で一歩近づいて「その傘」と言う、という演出の指定があれば、それは「意識的な表現」です。

さらに、「あなたのですか?」と言う時は、「怒らせたくない」ので、半歩、ゆっくりと後ずさりし、「それ、私のだと思うんですけど」と言う時は、恐る恐る傘を指差しながら、一歩、小さく近づく、という指示だとします。

とても複雑な動きですが、この演技を「ナチュラルな感情」を抜きにしてやるのはじつは簡単です。体操かダンスのステップだと思えば、そんなに難しくないでしょう。

それがⅡの部分です。

「ナチュラルな感情」を無視すれば、どんなに複雑な動きもできます。でも、それは本当に面白い演技ではありません。

目標は、これだけの「意識的な表現」をしながら、同時に「ナチュラルな感情」を感じ続けることです。

それができたⅢが、「うまい演技」なのです。

このⅢの幅が広い人をうまい俳優と言います。

映像の演技のところで書いたベテラン俳優達は、かなり複雑な演出をこなしながら（例えば、熱血教師と生徒が立つ隙間から顔をサッと出して怒るなど）、自然な感情で演技をするのです。

紙幅の関係でそれぞれの定義と説明をすっ飛ばすのですが、「新劇」は理性に憧れ、「アングラ」は破壊に憧れ、「小劇場」は遊戯に憧れ、「静かな演劇」は沈黙に憧れたと僕は思っています。

で、Ⅰの演技になりがちなのが「新劇」や「静かな演劇」で、Ⅱの演技になりがちなのが「小劇場」「アングラ」の人達です。（よく分からなくても大丈夫です）

まずは、Ⅰの部分を目指すのがいいと思います。

大切なのは、やはり心です。

ただ、先に動きを決めた方が安心して、気持ちを自然に出しやすい人もいます。それぞれだと思います。

理想的な「意識的な表現」は、「目的と障害」がスパークした結果としての動きです。

腰が引けた状態で思わず半歩下がるとか、恐る恐る指差すという動きは「傘を取り返したい」という目的と「怒らせたくない」という障害がぶつかった結果です。

その点を忘れると「側転しながら登場する」「タップダンスをしながら話す」などのⅡの「ただの変な動き」になります。

これらの動きは、「ナチュラルな感情」で行うことが難しいのです。（ただし、ものすごくうまい俳優は、「あの、」と言いながら、戸惑って、焦って、ダンスのような混乱した動きで、「ナチュラルな感情」を感じながら、近づくことができます。混乱の悲劇的であり喜劇的な表現になります。でも、かなりの上級編です）

ですから、「意識的な表現」なのに、「ナチュラルな感情」を感じられる演技を、無理なく見つけていくのが、俳優の仕事なのです。

▼上演のまとめ

一冊の台本を前にしたら、まずは、自分の役の「与えられた状況」を明確にします。

その上で、役そのものの「超目的」を決め、各シーン、それぞれのセリフの「目的」と「障害」を明確にしていくのです。

あなたが演出する立場なら、俳優と話し合いながら、それぞれの役で同じことをします。

俳優の仕事と違うのは、芝居全体の「テーマ」を決めることです。

『ロミオとジュリエット』のテーマは、「恋の素晴らしさ」だけとは限りません。「恋と憎しみ」というテーマでも上演できるでしょう。「親の無理解」「若さの暴走」というテーマでも可能でしょう。テーマに数学のような「唯一の正解」というものはありません。

作品をどの方向に導くかを決めるのは、演出家の仕事です。

「コンビニの傘」はテーマを「都会の殺伐さ」でも「心温まるふれあい」「コミュニケーションの難しさ」にすることも可能です。

「都会の殺伐さ」がテーマなら、Aの「……ええ」という言葉は警戒感を強めに演出した方がいいでしょうし、「心温まるふれあい」なら、戸惑いの方を多くするでしょう。

最後のBの「ないんです……」とAの「ないんですか……」も、テーマによって、同情の程度、戸惑いの程度、突き放しの程度が決まってきます。

テーマとは、「この台本で、あなたは何を伝えたいか」ということです。

それは、「台本を読んだ時、あなたは何を面白いと思ったか」です。

あなたが面白いと思ったことを、あなたは観客に伝えるのです。

つまり、あなたが面白いと思えなかったものは伝えられないのです。

「コンビニの傘」は、なるべく多くの人に面白く感じてもらえるように、葛藤する場面を選びました。

演技力を向上させるために、長い台本に入る前に、「コンビニの傘」ぐらいの短いシーンを自分達で創ることは有効だと思います。

その時も、なるべく、「劇的（ドラマチック）」な場面にした方が心が動きやすく、演じやすいのです。

ただし、演技の経験が少ない人や作家として未熟な人ほど「過剰にドラマチック」な場面を選ぶ傾向があります。

「屋上で自殺しようとする人とそれを止める人」とか「お互いがじつは兄妹だと判明した恋人同士」「銀行員と銀行強盗」などです。

もちろん、屋上の二人をうまく演じれば、「心の旅」はかなり長くなって、とても面白くなるでしょう。

でも、こういう非日常的なシチュエーションを、嘘がないまま、リアルに心の旅をするには、かなりの演技力、経験と技術が必要なのです。

「劇的」なことは、もっと身近な所にたくさんあります。

一番分かりやすいのは、「好きな人を映画とか食事に誘う」ですかね。でも、ドキドキし過ぎて恥ずかし過ぎて、この設定が苦手という人もいるでしょう。

「先輩の無理な頼みを押しつけられる後輩」とか「上司の飲み会の誘いをなんとかして断る」

「バイトか仕事を代わって欲しいと頼む」など、「日常でどうしても話さないといけないドキドキした状況」はたくさんあると思います。

どれも、ものすごく「劇的」な瞬間で、心がちゃんと動いています。だから、見ても演じても面白いし、「嘘」か「嘘くさい」か「リアル」か、自分でも分かるのです。

逆に「電車の中で知らない人に話しかける」なんていう「どうしても話しかける必要」がない場合を演じるのは、じつは難しいです。

そこには、本当の「葛藤」がないので、面白くなる可能性が低いのです。

なるべくなら、日常の「劇的な一瞬」を見つけ出すことをお勧めします。

▼どんな役でも人生の可能性のひとつ

役を演じる時に、僕はいつも、どんな役でも、「自分の人生の可能性のひとつ」と考えた方がいいと言います。

自分の人生と切り離されたものだと考えるのではなく、魔法が起きたか、輪廻転生《りんねてんしょう》したか、とにかく、「自分が生まれ変わってこの役だったら」と考えるのです。

ロミオかジュリエットを演じる時も、「もし、自分がロミオ（ジュリエット）として生きていたら」と考えます。

もちろん、「与えられた状況」を鮮明に理解することは必要です。

対立する両家とか、この時代は親が結婚相手を決めていたとか、もし自分がそんな時代に生まれて、そして、熱烈な一目惚《ひとめぼ》れをしたら？　と考えるのです。

そうしないと、リアルな感情がわいてこないのです。

自分と役が無関係だと考えると、「嘘くさい」感情ばかりになります。

どんな役でも、「自分の人生の可能性のひとつ」とイメージするのです。

▼舞台は、感情を吟味する能力を与える

ずっと僕は「心の動き」を語っています。

それは、繰り返しますが、40年演出家をしていて、同じ空間にいるなら、「俳優が感じたことは、観客も感じる」と確信を持っているからです。逆に言えば、「俳優が感じないものは、観客も感じない」ということです。

それが、僕が演劇というメディアを信じている理由です。

そのことに関して、「でも、世の中には『嘘泣き』とか『詐欺』とかがあって、けっこう、だまされてるじゃないか」と思った人がいるでしょうか。

「嘘泣き」は、泣いてる人が俳優だとしたら、それを見ている観客がだまされる例です。

いろんなタイプの詐欺も同じでしょう。「あなたにとても役立つ情報を持ってきました」と親切に語る人を見抜けず、だまされます。

「嘘泣き」や「詐欺」は、残念ながら、受け取り手が「愛情」や「情欲」「金銭欲」などによって、判断の目が曇るからだまされると僕は思っています。

演劇では、舞台の上の俳優に対して、「情欲に溺れ」たり、「欲に目がくらむ」ことはありません。個人的欲望とは距離があるからです。（そういう意味で言うと、「熱狂的過ぎるファン」は、俳優の稚拙な演技、つまり「嘘泣き」にだまされます。でも、一般的な観客はだまされません。ですから、熱狂的過ぎるファンは、俳優を応援する意味では、俳優を育てますが、稚拙な演技を認めてしまうという意味では、俳優の成長を止めてしまうので、殺しもするのです）

さらに、舞台の上での演技は、俳優の本質をあらわにします。

それがこの本の冒頭で書いた「演劇のシステム」です。

目の前の「嘘泣き」より、舞台の上の「嘘泣き」は、観客を敏感にします。

あらゆる感情を吟味する能力を、舞台は与えるのです。

そこでは、日常の「嘘泣き」の「嘘くささ」が拡大されるのです。

▼存在感とはその人の耐えてきた量

では「心がなければまったく面白くないのか」と思った人がいるでしょうか。

演劇のリアリティの幅は広いと書きました。演劇の面白さには、いろんな種類があるのです。

ですから、「心がなくても面白い時」も、場合によってはもちろんあります。

たまに、あらゆる感情を押し殺して、まるで圧力鍋のようにグッと耐えている人と出会う時があります。

俳優ではなくて、仕事でムチャな上司や横暴な取引先に耐え続けている人の場合が多いです。そういう人の「存在感」に圧倒されます。

僕は「存在感」とはその人の耐えてきた量だと思っています。

ですから、「心が動いてない」けれど、圧縮した感情の「存在感」が面白い時があるのです。

僕が若い俳優とスタッフを集めて結成した『虚構の劇団』で「ホーボーズ・ソング」という作品をやりました。

男性が拷問を受けるというシーンで、取調官が一回、殴る真似《まね》をし、男性が殴られた動きをすると、横に立っていた女性が、すーっと殴られた男に近づいて、顔に一筋、赤い口紅を塗りました。丸いリップケースを持って、指で男の頬に筋をつけたのです。

一回殴られると、一筋、赤い線が頬につきました。殴られ続けて、男の頬は真っ赤になっていきます。

女性は、ただ機械的に男の頬に筋をつけました。

女性が興奮したり、怯えたり、怒ったりしながら筋をつけるより、ただ、ロボットのように黙って、冷静な顔で筋をつける方が、拷問の残酷さが伝わりました。

心を動かさないからこそ、面白くなった例です。

▼『プリズン・サークル』

気持ちが入ってなくても、解釈によって成立する場合もあります。

2020年に公開された『プリズン・サークル』というドキュメント映画があります。

「島根あさひ社会復帰促進センター」という新しい刑務所で行われている「TC（Therapeutic Community＝回復共同体）」という犯罪の原因を探り、更生を促すプログラムに参加する受刑者を追った記録です。

受刑者の一人に、二七歳、健太郎という仮名の男性がいます。強盗傷人、住居侵入で五年の刑期です。彼は、お金に困り、親戚の家に押し入ってケガを負わせます。その結果、婚約者もそのお腹にいた赤ちゃんも、友人も仕事も、すべてを失いました。

健太郎は「ＴＣ」を受けて、ゆっくりと、自分を見つめ始めます。虐待を受けた人がうらやましいと感じるほど家族との触れ合いを感じられなかったことや、母や恋人の心をつなぎとめるために、借金をしてまで彼女達にお金を渡していた自分を自覚していきます。

この過程は、受刑者である仲間が共にシェアします。どんな環境に育ち、どんな犯罪を犯したか、どんな気持ちなのか。

健太郎は、「ＴＣ」を受けて、心がほぐれ始めます。ですが、被害者に心を寄せる余裕はまだないと語ります。

ある日のプログラムでは、健太郎のしたことを充分に理解した仲間が、健太郎に襲われた「被害者役」と「元婚約者役」に割り当てられます。「ロール・プレイング」と呼ばれるスタイルです。

健太郎は、自分の犯罪を淡々と語っていましたが、被害者役の受刑者が、「どうしてこんなことをしたんだ」と問いかけた所から、気持ちが動きます。被害者役の受刑者は、「私のことを考えなかったのか」と質問を続けます。

元婚約者役も、当然、男性の受刑者ですが、同じように質問します。懸命に質問に答えていくうちに、健太郎の目から涙が溢れてきます。

それは、健太郎にとって初めての経験でした。

「被害者役から僕が質問を受けて辛かった以上に、被害者の人は今もずっと辛いんだろうな、という思いが頭から離れない」と話しました。

まさに一人一人が「役」を演じる演劇の手法です。欧米では学校の現場でもわりとポピュラーな方法ですが、「役」として誰かになることで、いろんな立場の人の気持ちが理解できるのです。

この時、「被害者役」も「元婚約者役」も、演技としては、感情は深く動いてはいません。演技へのアプローチを学んではいないので、心をちゃんと動かしながら、質問するというレベルではないのです。

けれど、その質問を受ける側の健太郎にとっては、それはリアルな問いかけでした。「被害者役」「元婚約者役」の人からの質問は、どんなに稚拙な言い方をしていても、健太郎の脳内では、本物の「被害者」「元婚約者」の言葉に変換されたのです。

だからこそ、この方法は有効なのです。

もちろん、この時、観客は健太郎一人であり、一人でいい、という前提があります。特殊で限られた観客に伝えようとする時、こういうことが起こります。

これもまた、演劇の「リアリティの幅」の広さだと思います。

第八章　なぜ子供達に演劇が必要なのか

▼他人を生きて、発見する

「上演のステップ」を踏んで、面白い演劇ができた時は、俳優も観客も、「心の旅」を楽しんだはずです。

ではもっと根本的な疑問、「心の旅」を経験することは、それも長くなればなるほど楽しいと感じるのはどうしてなのでしょうか？

それは、「自分ではない誰か」になれる時間が長くなるからだと、僕は思っています。

小説も映画も、激しく感情移入すれば、自分ではない誰かの人生を生きたような気になります。

私達が物語に惹《ひ》かれるのは、自分の人生が一回しかないことへの抗議ではないかと、さまざまな人が言っています。僕もそう思います。

俳優は、それを具体的な形で、つまり「他人を演じる」ということで乗り越えるのです。

人生が一回しかないのに、俳優をやったら、何度も違う人生を生きられるのです。

プロだろうがアマチュアだろうが、これはとてつもなく魅力的なことだと思います。

派手なドラマの主人公でなくていいのです。「コンビニの傘」を演じるあなたは、実際の場合は、黙って傘を諦める人かもしれません。現実がそうだからこそ、あなたは「コンビニの傘」をリアルに演じて、違う人生を生きるのです。

「その傘、あなたのですか？」と聞ける人生を生きるのです。

物語にちゃんとした葛藤があれば、その人生は生きてみたいと思う面白さがあるはずです。

演劇では、「他人を生きる」ことで、他人と出会い、他人を発見します。

それは結果的に、自分を見つめることにもなります。他人の視点で人生を見る経験をすると、自分の人生に対する固定化した見方を問い直すことができるのです。

「なるほど、こんな生き方があるのか」とか「こんな感じ方があるんだ」「こんな言い方があるんだ」と気付くことは、自分の人生を揺さぶることです。

それは発見と気付きの行為です。行き詰まった自分の人生が変わる可能性を与えてくれる希望です。だからこそ、他人を演じることは楽しいのです。

演じることは自分の人生を変えることです。

これが、演劇には教育的な機能があると言われる理由です。

▼演劇の教育的機能

「演劇の教育的機能」と言っても、難しい話をするつもりはありません。

近年、演劇系大学の卒業生に対する一般企業の評価が高まっています。演劇系学科の卒業生を率先して採用したいと希望する企業が多くなっているのです。

その理由を聞いた時には、思わず腰が抜けそうになりました。

一番の理由は「大きな声で挨拶と返事ができるから」ということです。

つまり、普通の大学を出た学生は、「大きな声で挨拶と返事ができない」ということです。

もちろん、人によりますから、一般化は危険ですが、演劇系学科の大学を出た学生は、その他の学科を出た学生より、はるかにはっきりと挨拶と返事をするのだそうです。

そして、多くの仕事の現場では、これがまず最初に求められる重要な要素だということです。

二番目の理由は、まともな理由です。

「コミュニケーション能力が高い」からです。

コミュニケーション能力は、「多くの人と簡単に仲良くなれる能力」だと思われていますが、違います。

「コミュニケーション能力」とは、「話がこじれた時に、それでもなんとかやっていける能力」のことです。

お互いが真剣になればなるほど、ものごとはもめます。誰かの真剣は誰かの迷惑になります。

こんな当たり前のことを、わざわざ書かなければいけない時代になりました。

なぜなら、子供も大人も変化しているからです。

アニメ『ドラえもん』では、子供達は、今でも土管が置いてある空き地に集まり、ジャイアンを中心に集団で遊んでいます。

藤子・F・不二雄先生が描かれた時は、それはリアルな風景でしたが、今ではそれは失われた「共同体の郷愁」の風景になりました。

子供達が毎日、年上も年下も入り乱れて集団で遊び、そこでぶつかり、笑い、怒り、くっついたり、離れたりしているのなら、学校での「演劇教育」の必要性は低かったでしょう。

子供達は、集団で遊ぶことで「コミュニケーション能力」を学んだのです。

繰り返しますが、誰かの真剣は誰かの迷惑になります。どんな遊びを、どんな風に、どんな組分けと配置でやるのか、真剣になればなるほどぶつかり、それを調整し、落とし所を見つけることが「コミュニケーション能力」なのです。

けれど、今、土管のある空き地に集まる子供達は消えました。

子供達は忙しく、塾や習い事に行きます。子供達の声がうるさいと、子供達の大声での遊びを禁じた公園も日本中に現れ始めました。

遊ぶ時も、それぞれが好きなことをして時間を潰しますし、潰せます。友達の家に集まっても、ゲーム機で遊ぶ子供、マンガを読む子供、スマホで動画を見る子供、ただ話す子供とおのおの好きなことをして時間を潰します。

それでも、親には「みんなで遊んだ」と言うのです。

▼「人に迷惑をかけるな」という呪い

集団の中で、本当の「コミュニケーション能力」を学ぶことなく、人間関係について求められるのは「人に迷惑をかけないように」という呪いの言葉だけです。

親は「人に迷惑をかけない子供になって欲しい」と願い、大人は「人に迷惑をかけるな」と繰り返します。それが子供達の人生の最大の目標になるのです。

この呪いの言葉の根本的な問題点は、何が迷惑で何が迷惑でないか、明確な基準がないということです。

孫を愛する祖父母が買ったお菓子を、母親は「子供のためにオーガニックしか与えません」と断ります。

転んで泣いている子供を公園で見つけて、立たせてあげようとしたら、「ウチは一人で立つまで待ちます」と怒られたりします。

誰が正しくて誰が間違っている、ということではありません。

何が迷惑になるかは曖昧で人によって違い、話してみないと分からない——それだけのことなのです。

けれど、話す機会が減り、話して確かめる能力はどんどん落ちているのです。

大人も同じです。

昔は、ビジネスマンは、無条件で部下を飲み会に連れ出し、そこでえんえんと会話が続きました。人間関係がそもそも濃密だったのです。

けれど、強引な飲み会はパワハラになり、それぞれが自分の時間を大切にしたいと思うようになりました。

日本では、「おもてなし」は、何も言わずに相手の要求を先取りし、対応することでした。忖度《そんたく》ということです。

その象徴だった日本旅館は、まず外国人が許可なく部屋に入ってくる従業員に対して、プライバシーのなさに悲鳴を上げました。

逆に、「洗濯」や「深夜食」に対応してないことを信じられないと嘆きました。

欧米では、「おもてなし」は、「フレンドリー」ということです。つまり、なんでも気軽に話せるからこそ、相手の要求が分かり、それに応えられるということなのです。

宿泊客が知らない間に、何も告げずに布団を敷くことではないのです。

知らない人とフレンドリーに話す、ということは日本人が最も苦手としていることでしょう。

そして、前述したように、スマホが完全に大人と子供の風景を変えました。

はっきりしていることは、私達は大人も子供も、コミュニケーション能力を磨くことなく、スマホというツールによって濃密で希薄な人間関係の中に放り込まれている、ということです。

仕事もまた、誰かの真剣は誰かの迷惑に、さらには、誰かの損失にもなります。

どうしても、コミュニケートしなければならないことはたくさんあります。けれど、その方法がよく分からないのです。

圧倒的な経験不足です。

▼演劇系の学生の「コミュニケーション能力」の高さ

演劇系の学生が「コミュニケーション能力」が高いのは、もちろん理由があります。

演劇系の学科では、入学から卒業までの間で、演劇作品を複数回、上演します。

稽古は数カ月、続きます。

学生達は、最初は一般的な大学生で、「ぶつかるのは嫌だなあ」とか「なるべく平和に終わらせたい」と思っています。内心、納得してなくても、「じゃあ、いいです」と飲み込みます。

けれど、稽古は最低でも二カ月は続くのです。

「舞台は俳優を育てる」と書いたように、毎日、同じことをするのです。毎日「本当は違うと思うんだよなあ」と感じていることを稽古するのです。

たいていの学生は、やがて、我慢できなくなります。「ぶつかりたくない」と自分の意見を毎回引っ込めていてはストレスがたまるだけになるからです。

「みんなの迷惑になるかもしんないんだけど」とか「これ言うの、私の単なるわがままなんだけどさ」と冒頭につけて、自分の気持ちを言い始めます。なによりも「集団のまとまり」を崩すことが最悪のことだと教えられてきたからです。

最初は、もちろん、対話に慣れてないので、感情的になったり、余計なことを言ったり、遠回し過ぎて何も伝わらなかったりします。

「自分だけ作業量がいつも多いと思う」「あなたはいつも遅刻している」という基本的なものから、やがて、作品の解釈でもぶつかるようになります。

「どうしてそんな大きな声で叫ぶの?」「どうしてそんな動きをするの?」「私がしゃべっている時は、動かないで欲しい」

それぞれが真剣になれば、要求を語るようになります。もちろん、それは他の誰かの迷惑です。

「もっと早く動いて欲しい」と要求したら、相手が「私はこの時、じっくり考えているんだ。そんなに早く動けない」と反論するかもしれません。

それでいいのです。そこから、演劇の稽古は始まるのです。

片方が「どうして早く動いて欲しいか」を語り、もう片方が「どうして早く動けないか」を語ります。お互いが主張をぶつけて、納得するかどうかをまず判断します。

平行線なら、周りの出演者や演出家、スタッフを交えて議論は続きます。

「どうして早く動いて欲しいか」が、「自分がかっこよく見えるから」という理由なら、賛成を得られず却下されるかもしれません。

でも、「この作品の一番大事な部分は、次の会話。これが作品のテーマだと思う。だから、早く話したい。だから、早く動いて、間をなくしたい」なんて理由なら、周りは賛同してくれるかもしれません。

議論することで、演劇系の学生達は、コミュニケーション能力を鍛えられるのです。


演劇系の大学の学生だけではなく、バイトをしながら演劇を続けている俳優も、仕事場で良い評判を取ることがあります。

僕の知り合いには、何人も「バイトをやめて、正社員にならないか」と誘われた俳優がいます。

声がよく通って、人間関係のトラブルに強く、もめてもなんとか処理してくれる人だからです。これは、全部、演劇の現場で必要に迫られて磨かれたスキルです。

お店や会社の現場の人達からすれば、なんて頼りがいがある、たくましいバイト君だと思うでしょう。

ただし、誘われた方は複雑です。プロの俳優を目指して必死にバイト生活をしているのに、「正社員にならないか」という提案は、ありがたいけれど「俳優の夢を諦めないか」ということですから、悩むのです。

中学・高校の運動系の部活や大学の体育系のサークルでコミュニケーション能力を磨いたという人もいるでしょう。

もちろん、それは否定しないのですが、演劇系が体育系と一番違うのは、「評価できる絶対的な基準がない」ということです。

体育系は、成績が数字として出ます。100メートルを何秒で走るかから始まって、打率やシュート回数、試合結果何勝何敗まで、数字（データ）としての評価基準があります。

これは、話がこじれた時の目安になります。誰の意見を聞いて、誰の意見を後回しにするかは、スポーツ選手として優れているかどうか、結果を出しているかどうか、ということが手がかりとなって判断できるのです。（もちろん、それだけではないでしょうが、ひとつの判断基準になります）

ですが、演劇には、「どの演技が優れているか」とか「どの解釈が正しいか」という「絶対的な基準」がありません。出演者を選ぶための演技対決をしても、明確な勝負はつかないのです。そのために、体育系より、話がこじれる時は徹底的にこじれます。

だからこそ、それがコミュニケーション能力を高める良いレッスンになっているのです。

ちなみに、「絶対的な基準」がないのは映像も同じですが、その点以外は事情が違います。

前述したように、映像は、演劇のように繰り返しません。撮影は、最短で一回、一般的には数回で終わりです。

極端なことを言えば、俳優がどんなに納得していなくても、監督が「とにかく、一回、やってみてくれませんか?」と言って、撮影をすませれば、それですむのです。(だからこそ、多くのプロの俳優はこういう提案を断固拒否するのですが)

演劇は、演出家が「とにかく、一回、やってみてくれませんか?」と言っても、初日に向けて、何十回も、場合によっては何百回も稽古でやることになります。

さらに三日間五回公演だと、観客の前で五回やらないといけなくなります。

人は、自分が納得していないことを、繰り返すことはできないのです。

不朽の名作映画『風と共に去りぬ』で、スカーレット・オハラを演じたビビアン・リーは、相手役のレット・バトラーを演じたクラーク・ゲーブルの口がものすごく臭かったという衝撃の発言を残しました。クラーク・ゲーブルは、歯が悪く、撮影時は総入れ歯だったそうです。どうしても、口臭が取れず、キスシーンは大変だったとビビアン・リーは答えています。

でも、繰り返さない映像だから、なんとかなったのです。これが舞台で、一カ月三ステージあったとしたら、間違いなく公演中止です。いえ、その前に、稽古途中でビビアンはキレるか逃げ出して、空中分解していたでしょう。

▼間違うことの効用

もうひとつ、演劇と映画の違いは、「演劇は間違う」ということです。

ベテランのプロの俳優でも、三十ステージあれば、セリフを飛ばしたり、かんだり、出トチリ（出るタイミングを間違えること）することがあります。

まして、未熟な俳優は一回だけの公演でもセリフを間違えたり、つっかえたりします。

もちろん、間違わない方がいいに決まっていますが、演劇はライブですから間違います。

大切なことは、間違った後、どう立ち直るか、ということです。

未熟な俳優は、芝居の冒頭、セリフをトチッたりすると、もうその日はボロボロになります。けれど、ベテランの俳優はそこから立ち直ります。

人生は０か１００じゃない、68点とか46点で生きていくものだ、と僕はよくエッセーで書きます。

それは、俳優の失敗を見て気付いたのです。

経験の浅い俳優は、うまくいく時はすごくうまくいって、１００点が出ます。でも、次の日、最初のシーンでトチると、落ち込んだり悲しんだりやる気をなくしたりして、最低の０点になります。そのどちらかしかないのです。

けれど、ベテランの俳優は、トチっても立ち直ります。トチった結果を引き受けながら、最後には帳尻を合わせるのです。

ですが、映像は演劇と違って、トチった段階で撮影を止めます。セリフをかんだままで作品として仕上げる、というのはあり得ないのです。トチることに対して非寛容なのです。

ビートルズの解散理由について、「ライブができなくなったから」ではないかと僕は勝手に推測しています（マニアからは怒られるかもしれません）。ビートルズは、ファンが増え過ぎて、野球場レベルの会場でも混乱しか生まなくなり、ライブが不可能になりました。

結果、スタジオで録音し、レコードを発売するだけの活動にシフトします。

スタジオ録音は、少しでも演奏を間違うと録り直しになります。ライブだと、どんなに演奏を間違えても、最終的に観客が熱狂し、ライブの充実感があれば、「終わりよければすべて良し」になります。

スタジオでは、他のメンバーのミスタッチが重大問題になります。ライブであることのおおらかさを失い、間違うことが許されなくなったことで、メンバー同士の対立やいさかいがエスカレートしたのではないかと僕は考えているのです。

人間は間違うもので、そこからどう立ち直るか、踏ん張るかを教えてくれるのはライブである演劇の優れて教育的な特徴だと思います。

じつは、空き地に子供達が集まっていた時代、みんなが「ヒーローと悪者」になったり、「冒険家と魔王とお姫様」になったりした、いわゆる「ごっこ遊び」は、まさに演劇でした。

子供達は、自分ではない誰かになることで、他人を発見し、自分を見つめました。

あの時代は、空き地で「演劇教育」が行われていたのです。

またあの頃は、紅白歌合戦の視聴率が70~80%の時代です（最高視聴率は、1963年の81・4%です）。つまり、「みんなが同じ」と思われていた時代です。（実際に同じだったかどうかは議論の余地がありますが）

とにかく、同じものを見て同じものを喜んでいました。ですから、言葉にしなくても、分かりあえることが良しとされていたのです。

けれど、時代は変わりました。「多様性」が認められ、「協調性から多様性へ」が社会の進むべき方向だと考えられるようになりました。

けれど、はっきりしていることは、「多様性」は大変なのです。めんどくさくて、簡単には実現できないのです。

だからこそ「コミュニケーション能力」が必要になるのです。

▼シンパシーとエンパシー

『ぼくはイエローでホワイトで、ちょっとブルー』（新潮社）を書かれたブレイディみかこさんと対談した時に、ブレイディさんがイギリスの演劇教育について話してくれました。

中学生の息子さんがいらっしゃるのですが、入学した一年目に、演劇の発表会があって、息子さんはオーディションを受けたそうです。

演劇をする意味は、「他人になること」です。

「他人になる」ことで、どんなことが得られるのか——ブレイディさんは、「シンパシー（sympathy）」と「エンパシー（empathy）」の違いを語りました。

「シンパシー」とは、他人に同情する気持ちです。

「エンパシー」とは、他人の気持ちを想像できる能力のことです。

私達が同質な世界に生きていて、自分と他人がそんなに違っていなかった時代には、「シンパシー」同情心が大切でした。

けれど、価値観が多様化し、人々が分断され、日本では「世間」と呼ばれる関係が中途半端に壊れている現代では、「エンパシー」つまり、他人の気持ちに共感する能力がより大切なのです。

英語では、「他人の靴を履く（put yourself in someone's shoes）」というイディオムが、相手の立場になって考えるという意味です。

まさに、相手の靴を履いてみる、という具体的な表現です。

演劇は、他人の靴を履き、エンパシーを育てる手段なのです。

▼「演劇教育」

「コミュニケーション能力」を育てるためには、「演劇教育」が必要な時代に来ています。

ですが、小・中・高の教科書から、演劇の台本が消えました。

授業時間を確保するために、演劇の発表会を取りやめる学校も多くなりました。

僕はずっと「表現教育」と言っていますが、「演劇教育」や「ドラマ教育」という言い方もあります。

ここでは、「演劇教育」で進めます。

本来、「演劇教育」には、「演劇を上演する教育」と「演劇的手法を使った教育」の二種類があります。

「演劇教育」と言うとすぐに「学芸会をやれということ？」と思われたりしますが、それがまず誤解です。

上演の形態はさまざまです。

学芸会が一番、派手な形だとすると、僕が中学校の時に経験した、各班が七分程度の『ウィリアム・テル』の一シーンを衣装や装置がないまま、順番に教室で上演するのも立派な演劇です。

国語の教科書に載っていたものです。

一回目の授業で読み合わせをし、いろいろと話し、二回目の授業で「立ち稽古」と呼ばれる動きのある練習をし、三回目の授業で発表しました。七分程度ですから、それで充分でした。

相談して小道具を用意する班、家から衣装を持ってくる班、放課後もがっつりやって燃えた班、何もしない班、といろいろでした。

それがまた、楽しさを倍加させました。

簡素な発表会でしたが、それだけでも、別人になる喜びに顔を輝かせていたクラスメイトを僕ははっきりと覚えています。

保育園児・幼稚園児から、小学生、中学生、高校生まで、上演するということは、「聞く」「読む」「話す」という生きることに不可欠なレッスンになります。もちろん、どんなに短いシーンでもです。

相手のセリフをちゃんと聞き、自分のセリフをしっかりと読み、ちゃんと相手と話すという、まさに日常で必要とされるスキルが磨かれるのです。

▼「話し言葉」を見つめるきっかけ

戯曲は小説に比べてまったく売れませんが（井上ひさしさんが、「失敗作の小説を書いても、出版社は『出版させて欲しい』と言ってくるんだけど、傑作戯曲を書いてもなかなか出版してくれないんだ」と仰ってました。激しく同感です！）、戯曲は「話し言葉」の宝庫です。

魅力のある戯曲では、「ああ、この言い方、覚えておこう」とか「ずっと言葉にならなかった気持ちが言葉になってる！」という出会いがあります。小説でも、そういうことはありますが、戯曲はすべてが「話し言葉」なので、すぐに使えるものが多いのです。

セリフを覚えていくことで、「なるほど、こんな言い方をするのか」「私はこういう言い方はしないな」と「話し言葉」と出会います。

それは、自分自身の「話し言葉」を見つめるきっかけにもなるのです。


ただし、どんな形であれ、上演する時に結果を考え過ぎないことが大切です。

結果とは、「面白さ」「観客の受け」「表現の水準」などです。

ずっと、面白さを追求してきたのに、矛盾するじゃないかと思われるかもしれません。

でも、「面白さ」を考えることと、考え過ぎることは違います。

▼「表現」と「表出」の違い

左の図を見て下さい。

「表現」とは、どれだけ受け手（観客）の心を動かしたか、です。

「表出」とは、どれだけ送り手（俳優）の心を解き放ったか、です。

共に、人間の活動には大切な側面です。

縦軸に「表出」を、横軸に「表現」を置いて、プラスになればなるほど、相手の心を動かし、自分の感情を放出した、ということです。

僕が中学の時、一番驚いたのは、普段大人しい人が、ウィリアム・テル役になり、大声を出

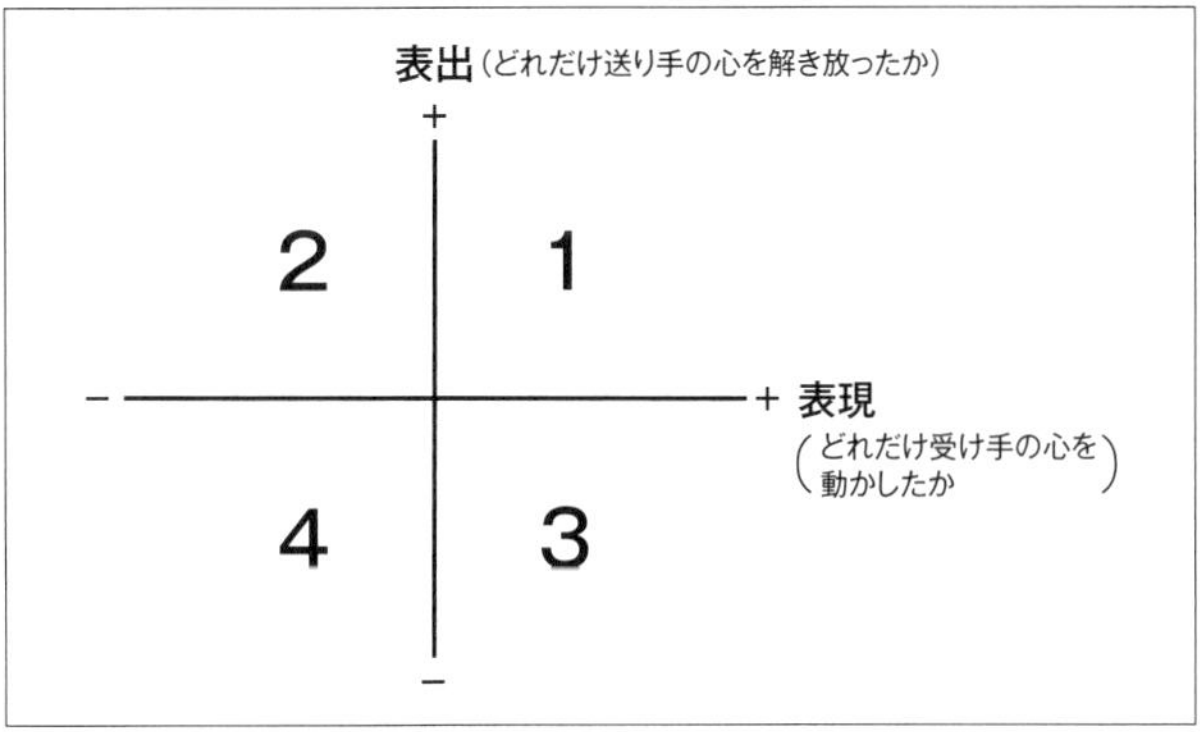

したことです。

聞いたことがないような楽しそうな声でした。

ただし、それは「表出」のレベルが高い声です。ウィリアム・テルの役から出た感情の声ではなく、中学生の彼自身の楽しい気持ちの現れでした。

つまり「表現」としてはレベルが低いのです。

この図で言えば、2の部分です。

思いの丈を綴《つづ》った日記とかブログで、読者を想定してない場合も、ここです。

自分の心のあれやこれや、感情や思いを吐き出しているけれど、それを見た、読んだ受け手の心は動いてない場合です。

3は、逆に、観客の心をすごく動かしているけれど、俳優というか送り手の気持ちが全然、出てない場合です。

そんな場合があるのだろうか、と思われるかもしれませんが、僕は以前、ある外国人ロックバンドのコンサートに行った時に、観客が熱狂する中、こっそりスピーカーの陰で大アクビするベーシストを見て愕然《がくぜん》としました。

でも、世界ツアーの真っ最中で、たぶん、百何十本目のライブだったのでしょう。同じことをしていては、飽きてもくるのだと思います。

作家でも、いつものパターンで小説を書いて、自分では面白いと思わないけれど、読者が喜ぶ、ということがあるかもしれません。

4は、観客の気持ちも動かしてないし、自分の気持ちも出していません。

これも、そんなことあるのか？　と思ったでしょうか。

しょうがなく書いた読書感想文とかコピペだけして出したレポート、なんてのがこれです。書いた方はまったく心が出ていませんし、読む方もまったく心を動かされません。

1は、送り手の気持ちがたくさん出ていて、なおかつ、受け手の気持ちもたくさん動いている場合です。

俳優や作家、表現者としては、これが理想です。

自分の思いをとことん出して、そして、それを受け取った人がぐんぐんと心を動かしてくれる――それは素敵なことです。

ですが、2も大切なのです。

特に、園児や小学生では、「表現のことなんか考えなくて、感じたことをとことん出してみる」ということは、人間として大切です。

本当は、中学生や高校生にも、とても大切で、もっと言うと大人にも必要なことなのですが、自意識が出てくると「こんな表現でいいのか」「ちゃんとした表現にしないと」と思ってしまうのです。

例えば、園児が「泥んこ遊び」をしている時は、徹底的に「泥んこ遊び」を楽しむことが重要なのです。

泥まみれになって、わちゃわちゃと楽しむことで、園児の心は成長します。心がうんと運動をしているのです。

なのに、途中で「泥で何かを作ってみよう」とアドバイスし、出来上がったものを評価する大人が出現します。

その瞬間に、「表出」の楽しみは消えます。まるで、日記を親が読んで、いちいち、文章を添削するようなものです。

もう二度と正直に自分の気持ちを出そうと思わなくなることが分かるでしょう。

おそらく口を出した先生は、「泥んこ遊び」はただ遊んでいるだけではない、表現に向かう立派なカリキュラムなのだと、園児の親御さんに説明したいのでしょう。

ですが、「到達目標」や「学習成果」は常に求めればいいというものではないのです。

まずは楽しく遊ぶことが、一番大切なのです。

演劇の上演も同じです。

まず、ちゃんと「表出」することが大切なのです。

演劇を始めたばかりの若い女性で、「怒る」という演技がまったくできない人がいました。

役としては、激しく人を罵って怒る、というシーンなのですが、やろうとすればするほど、ただ顔が真っ赤になって言葉が止まりました。

演出家が聞けば、彼女は「私は、今まで生きてきて、大声で怒ったことはないです」と答えました。

その場に僕もいたので驚いたのですが、彼女は厳しい親から、「人前で怒るのは恥ずかしい」と小さい頃から繰り返ししつけられて来たのです。

結果として、20歳を過ぎた時には、大声で怒るということができなくなっていました。

それは、親の目指す「上品な人間」という意味では理想かもしれませんが、人間の精神としてはいびつだと僕は感じました。

「大声で怒らない」ということと「怒りの感情を持ってない」ということは別だからです。彼女は自分の自然な感情をずっと押し殺しているように感じたのです。

彼女は稽古場で何度も何度も、怒る練習をしました。やがて、ゆっくりと自分の感情を解放できるようになりました。

彼女は怒りの感情を「表出」しました。大人になっても、まずはちゃんと「表出」することが大切なのです。

▼演劇教師

幼稚園や保育園では、多くの園児が楽しく歌を歌い、演劇（お遊戯）を発表しています。

それが残念なことに小学校に入ると、どんどんと少なくなっていきます。

その理由のひとつは、演劇を指導できる教員が少ないと思われていることです。

そしてもうひとつの理由は、前述しましたが、授業時間も予算も限られていて、演劇には費やせないと思われていることです。

まず、演劇を指導することを、あまり難しく考えない方がいいと思います。

ネットで探したり、本を読めば、演劇指導を実践していらっしゃる方々の知恵に山ほど簡単にアクセスできます。

詳しく書き出すと、紙幅が足らなくなってしまうので、要点だけを書くと――

演劇は、映像との違いで繰り返し書いたように、何度もやり直すことができます。

俳優と意見が対立した時、優秀な演出家は「じゃあ、とりあえず両方、やってみませんか?」と提案します。

自分の案と俳優の案の両方です。やってみれば、たいがいのことはクリアになります。

「こっちをやれば、このことが強調される。こっちだとこの面が強調される。この作品で必要なのはどっち?」と議論が始まる場合もあります。

「こっちはこんな問題点、こっちはこれ。どっちも同じぐらいだから、あとは好みの問題だね」なんて結論もあります。

うまく結果が出なかったり、いまひとつ気持ちが動かないと感じた時は、生徒の知恵も借りて、いろいろとやってみればいいのです。

「演劇教育」が素敵なのは、すべての試行錯誤が、コミュニケーション能力を育てる栄養になることです。それも生徒だけではなく教師にも、です。

ですから、一番ダメな演出家（教師）は、俳優（生徒）の前で、「権威を保ちたい」「失敗を見せない」と取り繕《つくろ》っている人です。

音楽教師は音楽に優れていなければダメでしょうが、演劇教育の場合は、共に試行錯誤していいのです。（もちろん、だからと言って、演劇の専門家の知恵を無視していいとか準備はまったくいらない、ということではないですが）

結果として、面白いものができてもつまらなくても、問題ありません。

ただ、大切なことは、演劇を体験する過程を楽しめるかどうかです。

もちろん、やがては教職課程の中で「演劇創作」を学べるようになるとか、音楽教師や美術教師のように、演劇専門の教師を育てることも重要だと思います。

授業時間の問題は、悩ましい所です。何かを取れば、何かを諦めなければいけません。ただ、「コミュニケーション能力」を育てることがどれほど、現在必要とされているか、学校長や教育委員会、保護者がどう判断するか、ということだと思います。

じつは、教育のこれからの形である「アクティヴ・ラーニング」は「演劇的手法」と密接な関係があります。紙幅の関係で書けませんが、「一斉授業」(ただ座って授業を聞く)というスタイルをさまざまな「演劇的手法」を使うことで、改善することができるのです。

▼シアターゲーム

「演劇的手法」を教育に使うというのは、前述した映画『プリズン・サークル』のロール・プレイングもそうです。

ただし、生徒に役割を振って、ロール・プレイングをしている学校は少ないと思います。

それよりは、「アイスブレイク」と呼ばれる、コミュニケーションを楽にする方法が広がっています。参加者の緊張がまるで氷のようで、それを壊したり溶かしたりする方法だから「アイスブレイク」です。（僕も光村図書の小学校国語の教科書でいくつか紹介しています）

どんな種類があるかは、ネットで調べてもらえばたくさん出てくるでしょう。

さまざまなゲームをして、参加者が急速に打ち解けていく方法です。

これは大人にも使えます。

昔、日本の会社ではアイスブレイクの代わりに、毎日、飲み会がありました。（子供には土管のある空き地です）

それによって、「お互いが思っていることを言える」関係になっていきました。

今、「毎夜の飲み会」で打ち解けようとする人はいないでしょう。

演劇界では、「アイスブレイク」を含めて、表現やコミュニケーションを育てる楽しい演劇的手法を「シアターゲーム」と呼んでいます。

欧米の演劇界が開発した「毎日飲まなくても」「初対面の緊張をほぐし」「自己表現にもつながる」「さまざまなコミュニケーション能力を高める」ための「楽しみながら」やる方法です。

簡単に言えば、「声」と「身体」を使って遊ぶ方法です。「声」と「身体」で遊ぶことで、さまざまな感情を体験しながら、自分の「声」と「身体」を知っていくのです。

知れば知るほど、コミュニケーションを多様で豊かにします。

のっぺりとした声や硬直した身体や起伏のない感情が、多彩な声や柔軟な身体や豊かな感情へと変化するのです。

演劇の発表会が（短くても長くても）できそうにない時も、授業の一部としての「シアターゲーム」は、子供達に有益な結果をもたらすでしょう。

ちなみに、「シアターゲーム」を続けた後、作品の上演に向かって試行錯誤する時は、「ワークショップ」という言い方になり、場合によっては実際に上演することになるかもしれません。

「シアターゲーム」「ワークショップ」「上演」の三つの状態に、それぞれ対応するように、「表現教育」「ドラマ教育」「演劇教育」という言い方をすることがありますが、厳密な定義ではありません。今回、ずっと「演劇教育」としているのは、一番汎用的な定義だからです。

「シアターゲーム」は、授業時間の面では、上演に比べればシビアではないと思います。

保育園や幼稚園では、たくさんの「シアターゲーム」が行われています。

それが小学校高学年、中学になるにつれてどんどん消えていきます。

小学生の時からずっと「シアターゲーム」を続けていたら事情が違うと思うのですが、実際に、僕が「シアターゲーム」のリーダーとして参加する時、一番手ごわいのは思春期真っ最中の中学生です。

自意識にのたうちながら、恥ずかしさにがんじがらめになっています。

高校生は、じつは楽です。いつも僕は冒頭に「今から『シアターゲーム』というやつをやるね。なんのためにやるか分かるかい？　先生達は、『自己表現のため』とか『コミュニケーション能力を高めるため』なんて言うかもしんないけど、違うよ。もてるためにやるんだよ。魅力的になって、よりもてるために、『シアターゲーム』をやるんだ」と言えば、生徒達の目の輝きは急に変わってきます。(冗談ではなく本当です。なお、大人にも、もちろん、この言い方は通じます)

残念ながら、小学生にはこの言い方は通じません(笑)。一度、試しに言ってみたら「女子なんかにもてたくないわー！」と叫んだ男子小学生がいました。「本当だな。お前の10年後に会いに行くからな。10年後も、女子にもてたくないと言えよ」と心の中で言いましたが、口には出しませんでした(笑)。

▼鬼ごっこ

「シアターゲーム」は、さまざまな種類があります。

例えば「鬼ごっこ」です。

さまざまなレベルの「鬼ごっこ」は、「アイスブレイク」として適しています。

単純な「鬼ごっこ」をレベル1とすると、レベル2だと、例えば、「氷鬼《こおりおに》」は、鬼にタッチされると凍りついてストップモーションになります。他の人間が凍った人間にタッチすると、解放されてまた動けるようになります。（タッチされた瞬間のポーズでいること、なんてルールを加えると、面白さは倍加します）

鬼の人数を複数にして、鬼側が勝利するか、逃げている側が勝利するかの戦いです。（時間制限を設けて、例えば5分間で全員を凍らせられるかどうか）

レベル3だと、タッチされた人間は両足を開いて立ちます。誰かが、両足の間を通り抜ければ、また動けるようになります。身体を操るレベルが高くなっているのです。

レベル4は「手つなぎ鬼」です。

鬼が一人で、誰かをタッチすると、手をつないで二人共が鬼になります。二人が手をつないだまま、鬼を続けるのです。そして、誰かをタッチすると三人になります。手をつないだ三人の鬼になるのです。さらにタッチすると、四人になります。四人になったら、二人と二人に分割します。（二組になるわけです）

そして、どんどん鬼を増やしていくのです。（四人になったら分裂、を繰り返します）

これは、身体のコントロールという高度な練習になります。二人や三人で手をつないで走ると、行きたい方向がズレて、自分の身体をコントロールしなければいけなくなります。同時に、手をつないでいる相手はどちらに行きたがっているかを身体で感じる訓練にもなります。「コミュニケーション能力」を演劇では身体レベルから考えます。他人と対話しない時、まず身体が固くなります。身体がほぐれれば、他人との対話も始まりやすいのです。

誰かと手をつないで、誰かを追いかけてみればすぐに分かりますが、「他人」を意識してない人は、なかなか、うまく走れないのです。

レベル5は、これに声を足して、「声出し手つなぎ鬼」にします。鬼になったら、「あー」とか「おおおー」とか「はいはいはい」とか必ず声を出しながら追いかけるのです。

身体が緊張していると声が小さくなりがちですが、鬼として追いかけながら楽に声を出す訓練です。身体の余計な緊張を取り、身体を柔軟に使う練習です。普段、声の小さい子供が無意識のうちに大きな声を出したりします。

「手つなぎ鬼」の段階で声を出すようにするのは、自分一人だとなかなか声を出しづらい生徒も、二人になると声を出すからです。なので、最初の一人で鬼をする人選が大切です。ここで、はにかみ屋さんを選んでしまうと、後々、みんな声を出さなくなります。

最初にノリのいい生徒を選ぶと、その後はうまくいきます。

レベル6は、声の代わりに歌にします。「歌う手つなぎ鬼」です。

鬼は歌を歌いながら追いかけます。タッチしたら二人共手をつなぐのは同じです。タッチされた人は、鬼が歌っている歌を一緒に歌います。知らない歌ならハミングで適当にあわせます。三人目も同じ歌です。

四人目がタッチされたら、二組に分割するのは同じですが、最初の二人はそのまま同じ歌を歌い、三人目と四人目のペアは、三人目が決めた歌を歌いながら、他の人を追いかけます。

こうやって、「鬼ごっこ」をどんどんと複雑に楽しくしていきます。

指導者は目的によって、どの「鬼ごっこ」をどれぐらいやるかを判断します。

小学生や高校生だと、レベル1から始めることは可能ですが、中学生だとレベル1は恥ずかしがってやらない可能性もあります。（もちろん、クラスの特徴にもよるのですが）

そうすると、いきなりレベル3やレベル4からの方が面白がって参加する可能性が高いです。

小学生でも、都会の偏差値の高い私立だと高学年で同じ現象が起きます。

緊張を取ることが目的なのか、声と身体のどちらかの、または両方の表現力を高めることが目的なのか（それがコミュニケーション能力に密接につながります）、目標によって、そして集団の雰囲気やレベルによって、「シアターゲーム」を選ぶのです。

教員資格を取る過程で、教師がたくさんの「シアターゲーム」を学べることが「コミュニケーション能力」を育てるためには重要だと僕は思っています。

「シアターゲーム」を指導する人をワークショップリーダーと言ったりしますが、どれだけの

「シアターゲーム」を知っているかが、重要なのです。

さまざまな「シアターゲーム」を、集団の特徴と雰囲気、適切なタイミングで臨機応変に使えれば、常に楽しい雰囲気で行うことができます。楽しければ楽しいほど、生徒達は積極的に参加し、身体や声の表現力やコミュニケーション能力を大幅に高められるのです。

楽しい「シアターゲーム」は、まず、空間を優しく安全な場に変えます。

参加者はその場を「失敗してもいい場所」「試行錯誤が許される場所」「なんでも話せる場所」だと感じるようになるのです。

教室や稽古場はもちろんですが、会議室やオフィスがそうなることが、柔軟なコミュニケーションや創造性を生む大切な要素になります。

▼「ロール・プレイング」

とりあえず、「シアターゲーム」から「演劇教育」を始めてみることをお勧めします。

そして、もし生徒達が興味を持ち、周りの理解も得られたら、5分から10分ぐらいの短い作品に挑戦することをお勧めします。

「ドラマ教育」と呼ばれるものですが、ブライアン・ウェイ『ドラマによる表現教育』（玉川大学出版部）という古典的著作からドラマによる教育とはどういうことか抜粋します。

「ここに『盲人とは何ですか』という質問があったとする。答はきっと『盲人とは目の見えない人のことです』となるだろう。しかし、こんな答も考えられはしまいか。『目を閉じてごらん。ずーっとつぶったままでいるんだよ。この部屋の出口を探してごらん』。初めの答はまさしく正確な情報であり、知的満足を与えるものである。後の答は直接経験に訴え、知的理解を越えて、心と魂に触れるものである。これが端的に言ってドラマの役割である。」

じつに分かりやすい説明だと思います。

スマホによって、知識を得ることはますます簡単になっています。

だからこそ、教育の目的は、知識の獲得ではなく、思考することの習熟です。心と魂に触れることによって、人は深く思考するのです。

「ロール・プレイング」は、つまりは「役になって演じる」ということです。教科書や小説のワンシーンを、生徒に登場人物の役を振って実際にやってみることで、いろんな発見が生まれることが多いです。

例えば、「うるさい」という相手の言葉をただ文章で読むことと、登場人物として相手から言われることとは、実感として全然違います。また、セリフがない部分をアドリブで足していくことで、登場人物への理解は間違いなく深まります。

ただし、190ページで説明したように、「過剰にドラマチック」な場面を選ぶことは避けて下さい。この「ロール・プレイング」というのは、物語だけではなく、現実に起こった出来事にも応用できます。（それが『プリズン・サークル』なのですが）

演劇指導に熱心なあまり、現実に起こった悲惨な事件「いじめ」や「ホームレスの虐待」「トロッコ問題」（知らない人はググって下さい）を、役を振ってロール・プレイングしようとする人がいます（「ロール・プレイング」は、あらゆるジャンルの「課題の発見と理解」を深めることに応用がきくのです）。その熱意は感動的ですが、このレベルの激しい「葛藤」をいきなり、演劇的な経験や知識がない生徒や一般社会人に与えるのは、演劇的見地からして無理だと思います。前述した「身近で、想像しやすい」日常的な葛藤を選ぶことをお勧めします。

また、「ホットシーティング」という「ドラマ教育」もあります。

これは「演じるのは難しいけれど、その人にはなれる」という状態です。例えば『シンデレラ』の継母として、椅子に座ります。そして、みんなからいろんな質問を受けるのです。「どうしてシンデレラをいじめたの？」「シンデレラのお父さんとどこで出会いましたか？」などと聞かれて、自分なりにいろいろと考えます。

これが、ブレイディみかこさんが説明してくれた「エンパシー」の能力を育てることになります。

どうして、シンデレラの継母は、あそこまで執拗にシンデレラをいじめたのか？　どうです？　あなたなら、なんと答えますか？

「シンデレラの美しさが、実の娘達の脅威だったから」「再婚したシンデレラの父親にとてもいじめられたから」「再婚するまでシングル・マザーで二人の娘を育てて、経済的にすごく苦労したから、実の娘達には、とにかく王子様と結婚して、そんな苦労はさせたくないと思った」……まだまだあるでしょう。

いろんな人からいろんな質問を受けて、答えることで、その登場人物になっていくのです。座って答えるだけですから、恥ずかしさもずいぶん減ります。

「ロール・プレイング」の前段階の「ドラマ教育」と言えます。

▼学芸会
「ドラマ教育」がうまくいけば、やがて、学芸会のクラス発表に続くかもしれません。

作品の場合、一番大切なのは、「面白い台本」です。

登場人物が多いから配役が楽だと、面白さを犠牲にすると手ひどいしっぺ返しが待っています。面白さは、生徒が関心を持つ「葛藤」があり、それが楽しく描かれているかどうかです。生徒が面白いと感じるものは、あなたも面白いと感じるはずです。あなたが面白いと感じることはとても大切なことです。

今は、インターネットを使って台本を探すことが簡単になりました。丁寧に探せば、間違いなく、あなたが面白いと思う台本は見つかると思います。

以前、日本劇作家協会が杉並区のある小学校とタッグを組んで小学校六年生で演劇作品を上演したことがありました。

一年かけたプロジェクトで四月から準備に入ったのですが（僕も「シアターゲーム」のリーダーとして参加したのですが）、とても大変でした。

学芸会などの発表会がない小学校でしたから、子供達の興味を持続させ、面白がらせ、主体的に参加させることに大人達は苦労しました。

3学期での発表を終えた後、これを来年度もまたやるのかと重い気持ちになったのですが、次の年から環境が激変しました。

その上演を見た小学校5年生が、「楽しそうだ」「面白い」「自分達もやりたい」と思ったからです。

子供も大人と同じで、知らないことには積極的になれない、でも知ったら変わる、それだけのことでした。

ですから、「演劇教育」も、最初は大変ですが、一度、子供達が知ると、その困難さはぐっと減ります。

くじけないで楽しみながら始めることをお勧めします。

なによりも、コミュニケーション教育はこれから最も求められるものなのですから。

そして、演劇は本当に楽しいものですから。

▼「段取り芝居」

例えば、映画が大好きな首相がいたとしたら、政府が作る映像に対していろいろ注文をつけるのではないかと思います。

「いかにも政府広報な感じで見ていて楽しくない」とか「この予算でこのクオリティーはおかしい」とかです。

オリンピックのような大規模なプロジェクトの映像なら、それが刺激になって、国民レベルで映像に対する興味や理解の水準が上がるかもしれません。

コロナ禍で、安倍首相（当時）は定期的に記者会見を開きました。最初の二つぐらいの質問は、あらかじめ首相に知らせていて、首相は返答を文書で用意していました。

僕は、このやりとりを見るのが、演劇人としてつらくてたまりませんでした。

それは、悪夢のような「段取り芝居」でした。（「段取り芝居」とは、気持ちがまったく入ってないまま、決められた段取り、手順をこなす芝居のことです）

首相は、あらかじめ決まっているのに、今決めたかのような様子で指名し、記者も決まっているのに今指名されたかのように反応しようとし、けれど、二人の「演技」はあまりにも嘘くさく、そして、記者は棒読みで質問し、首相も文書を棒読みで返しました。

僕はこの風景を見ながら、「ああ、首相はもちろんだけど、政府中枢にも、芝居をよく見るとか好きな人は誰もいないんだなあ」と哀しくなっていました。

一人でも、政府中枢の関係者で芝居が大好きな人がいたら、「いくらなんでも、このやりとりはひど過ぎる。演じられないなら、『あらかじめ伝えられた質問に答えます』と言えばいいだけだし、本当に演じたいのなら、ちゃんと気持ちを入れるべきです」と言ったと思うのです。

この程度が演技だと思われていて、誰もそれを疑問に思わないということは、演劇がいかに人々に受け入れられてないかということの証明だと感じたのです。

▼言葉に敏感になる

演劇を続けていると、人が話す言葉に敏感になります。

そして、「嘘くさい」言葉を聞くことが本当に辛くなるのです。

「いらっしゃいませ、こんにちは」という謎の言葉がいろんなお店で定着してもうずいぶんになります。

この言葉がどれほど変なのかということを伝えようとすると「?」という顔で見られるようになりました。

「いらっしゃいませ」は、「来てくれてありがとうございます」という歓迎の感情でしょうか。「こんにちは」は、「よろしくどうぞ」とか「ゆっくりして下さい」「あなたと友好な関係になりたい」でしょうか。

僕には、「いらっしゃいませ」と「こんにちは」のサブ・テキスト（言葉の下にある感情）に決定的な違いがあるとは思えないのです。

どうして、似た意味や気持ちの言葉を二回、別な言葉でわざわざ言うのか理解できないのです。

例えば、一時間ずっとお客さんがいなくて、やっと来てくれた場合、嬉しくて「いらっしゃいませ」だけでは気持ちがおさまらなくて思わず「こんにちは」と、つけ加えることはあるでしょう。

でも、例えばコンビニで、一分間に一〇人も人が来るのに、その人達に向かって、いちいち「いらっしゃいませ、こんにちは」と繰り返す時、「来てくれてありがとうございます」という歓迎の感情と「よろしくどうぞ」というフレンドリーな感情の、似ている二つの感情を区別したまま、自然に言えるのでしょうか。

僕は演出家としてコンビニに入るたびに自動的に確認してしまうのですが（プロの演出家の職業病です。言葉に真実の感情があるのかないのか気にしてしまうのです）、そういう時、「いらっしゃいませ」か「こんにちは」のどちらかが感情の入ってない「捨て言葉」になります。

「しゃあせ、こんにちは」という風に、「いらっしゃいませ」をサッと言って、「こんにちは」に感情を乗せる人と、「いらっしゃいませ、っんちは」と逆の人がいます。

また、東京でも下町のコンビニや地方に行くと、「いらっしゃいませ」か「こんにちは」のどちらかだけを使う人が増えます。

それが自然だからだと思います。挨拶するのに、そもそも、「いらっしゃいませ、こんにちは」は長くて言いにくいし、似た気持ちの言葉を二回言うのは変だし、不便だからです。

けれど、フランチャイズ本部の指導が厳しいお店や、お店の接客マナーとして厳しく指導する上司がいる場合は、明瞭な発音で「いらっしゃいませ、こんにちは」と言わなければなりません。

気持ちを入れられないのに言わなければいけない時、言葉は「独り言」になります。

▼スタニスラフスキーの輪

どういうことかをスタニスラフスキーが分類した状況の話で説明します。

あなたが何かに集中したり、考え事をしている時は、あなたは「第一の輪」にいます。

図1（次頁）のように、自分独りだけにスポットライトが当たって、周りが暗い状態です。集中すればするほど周りは暗くなります。

この状況で話す言葉は「独り言」になると僕は考えました。「お腹、空いたなあ」とか「あれ？　スマホどこに置いたっけ？」などのつぶやきです。

相手が一人現れたら、「第二の輪」になります。図2のように、あなたともう一人にだけスポットライトが当たっている状態です。

この時の言葉は、まさに、「あなたと話す言葉」です。相手と一対一で話す言葉です。

相手が複数になると「第三の輪」になります。図3のように、目に入る風景全部です。

この状態に対応する言葉は、「みんなと話す言葉」です。

図1
第一の輪

お客さんが来なくて一人ぽつんといて、思わず、「暇だな〜」とつぶやいてしまうのは、「第一の輪」の状況に対応する言葉、つまり「独り言」です。

そこにお客さんが一人やって来て、「いらっしゃいませ」と言うのは、「第二の輪」の言葉、つまりは、「あなたと話す言葉」になります。

お客さんが二人以上、同時に入ってきて全員に一度に言おうと思えば、「第三の輪」の言葉、つまり「みんなと話す言葉」になります。

それぞれの輪と言葉は対応しているのですが、ズレる時もあります。

例えば、お客さんが一人入ってきた状態は「第二の輪」ですが、新人のスタッフでドキドキしてしまい、「あなたと話す言葉」ではなくて、思わず「独り言」になってしまう人もいます。

「好きな人を映画に誘う」なんて時が一番、「独り言」になりやすいですね。

状況としては二人だけの「第二の輪」で、「今度の日曜日、映画にでも」と「あなたと話す言葉」で言った瞬間に、相手が「なにっ!?」と顔をしかめたりしたら、そ

図2
第二の輪

図3
第三の輪

の後の言葉はもう「独り言」になってしまい、「……まあ……空いてたらなんだ……けど……アベンジャーズシリーズ……で」となる場合です。

また、お客さんが二人、同時に入って来たけれど、一人一人に「いらっしゃいませ」と二回ちゃんと言えば、それは「第二の輪」の言葉、「あなたと話す言葉」になります。

それぞれ状況と言葉の「一致とズレ」を楽しむと、言葉の表現がより深まるのですが、紙幅がないので、この本では深入りできません。（詳しく知りたい人は、拙著『あなたの魅力を演出するちょっとしたヒント』（講談社文庫）をどうぞ）

▼不自然な接客マニュアル

さて、接客マニュアルで、「入店の音がしたら何をしていても『いらっしゃいませ、こんにちは』と言うこと」とか「他の従業員の『いらっしゃいませ、こんにちは』を聞いたら、すぐに続けて言うこと」と決まっているお店があります。

このマニュアルを真面目に実行すると、商品を整理していたり、他の接客をしていたりしながら言わなければいけなくなります。

お客さんが一人の場合は「第二の輪」の状況です。目の前の「あなたと話す言葉」になります。

ですが相手の顔を見ないどころか姿も見えないまま言おうとすると、状況は「第一の輪」になり、言葉は、自然と「独り言」になってしまうのです。

ただし、「いらっしゃいませ、こんにちは」という言葉はそもそも不自然だと書きました。「第二の輪」の状況で、目の前の人に不自然な言葉を言おうとすると、居心地が悪くなったり感情がつまずいたりします。

その感覚を乗り越えるために、相手に言う言葉ではなく、自分に言う言葉、つまり「独り言」になるのです。

演劇では、感情移入できないセリフ、意味が分からないセリフ、自信のないセリフは、すべて「独り言」になります。誰にも言えないので、「独り言」にして声を出すしか方法がないのです。

「いらっしゃいませ、こんにちは」という言葉をマニュアル化して、「入店の音がしたら言う」とか「誰かに続けて言う」と決めている場合は、従業員に二重の苦しみを与えていることになります。不自然な状況で不自然な言葉を言うという、状況の苦しみと言葉の苦しみです。

結果として、「いらっしゃいませ、こんにちは」が飛び交うお店には、対話はないのです。ただ、元気な「独り言」だけがあるのです。

欧米のスーパーで会計すると、レジ係の人が、必ず目をあわせて「ハーイ」と言ってきます。最初、僕はドギマギしました。スーパーでそんな人間的な交流をするとは思ってなかったからです。

日本では、個人商店ならともかく、コンビニやスーパーなどでは、「いらっしゃいませ、こんにちは」という独り言を聞くことに慣れきっています。

レジの人とお客さんは目をあわせませんし、声もお客さんに話しかけている感じではありません。これに、「おヘソの前で手を組んでお辞儀しながら」が加わると、会話ではなく、儀式を見ているという気持ちになります。その儀式のテーマは「あなたとは絶対にコミュニケーションしない」です。

もちろん、モンスタークレーマーやめんどくさい客が来たら、心を閉じて、バカ丁寧な言葉と態度で対応する、というのは、生き延びるための大切な戦略です。僕はそれを否定しません。

ただ、多くの普通のお客さんには逆効果だろうと思うのです。

▼「説明セリフ」

「いらっしゃいませ、こんにちは」という不自然な言葉がマニュアルとして採用されたのは、モンスタークレーマー対策ではなく、以下のような理由ではないかと考えます。

前述したように、この言葉は、「ようこそ」という客を迎え入れる気持ちと「こんにちは」というフレンドリーな雰囲気を含み、その両方の気持ちを伝えることを目的としたのではないかということです。

ある目的を遂げるために、自然な感情を無視して言うセリフを、演劇では「説明セリフ」と言います。

例えば、大福を手に持った女性が「ああ、これは死んだおばあちゃんが好きだった畑田本舗のミカン大福！」と言ったとしたら、あなたはそのおかしさに気付くでしょうか。

人は、絶対にこんなことは言いません。

ミカン大福を手に持って、「これ、おばあちゃんの！」とか「畑田本舗の、これ、おばあちゃんが！」とか「このミカン大福、おばあちゃん！」とか、です。

間違っても、「ああ、これは死んだおばあちゃんが好きだった畑田本舗のミカン大福！」なんていう、説明だらけの言葉は言いません。言わないでしょう？　今、声を出してみたら、すぐに分かります。

でも、こういう「説明セリフ」は、観客や視聴者に、一気に目的とした情報を伝えることができるので、つい、作家は書いてしまいそうになります。

「おお、お前は高校の同級生で、ずっと成績を争っていた永遠のライバル、山田一郎！」とか、「あなたは私の彼氏を奪ったのに、一カ月で捨てた理恵子！」なんてセリフです。

もちろん、こういう「説明セリフ」を人間は言いませんから、こんなセリフを書くと、その人物は、一気に「生きている人間」から、「説明するだけの記号」に変わってしまいます。

俳優は、基本的にこういう状態になることを激しく嫌います。人間ではなくなりますからね。

「説明セリフ」が一番多いのは、テレビドラマです。それは、放送時間の制約があるからです。

1時間ドラマは、CMを除くと正味43分前後です。その中で物語を展開させていくためには、少々の「説明セリフ」はしょうがないと諦めている作家やプロデューサーがいるのです。

映画や演劇のように、作品の時間がきっちり決まっていなければ、「説明セリフ」を、ちゃんとドラマの展開として見せることができます。

山田一郎に関する「説明セリフ」を言う代わりに、高校時代の回想シーン（フラッシュバック）を描いて、主人公と山田一郎を登場させるのです。
それだけで、主人公のセリフは「山田……どうしてここに！」ですむのです。

でも、テレビはそうする時間がないことが多いのです。

それでも、テレビドラマの「説明セリフ」に対して、俳優がなんとか堪えているのは、前述したように、一回の撮影ですむからです。（もちろん、拒否する俳優も多いです）

でも、演劇では、稽古中と本番で、まず俳優が悲鳴を上げて、その感覚を観客も感じて、作品は悲惨なことになるのです。

だから、僕は演劇の演出家として、そんな事態にならないように、「人間が言わない不自然な言葉」に敏感になるのです。

その結果、「いらっしゃいませ、こんにちは」という不自然な言葉が気になってしょうがないのです。


「いらっしゃいませ」という自然な言葉でも、マニュアルの使用法によっては、不自然になってしまう場合があります。

僕は一度、デパートが10時に開く時に並んだことがあります。入口には女性が立っていて、オープンと同時に「いらっしゃいませ」と頭を下げ始めました。

次々と客が入りましたが、そのたびに、女性は一回一回頭を下げて「いらっしゃいませ」と言い続けました。

僕は、驚いてデパートに入るのを忘れて、この女性は1分間に何回頭を下げて「いらっしゃいませ」を言うのかと数え始めました。

あまりにも彼女が一人一人に対応していたので、心配になったのです。

彼女は、1分間に34回、頭を下げて「いらっしゃいませ」と言っていました。

10分間やるだけで、340回になります。人は、340回連続して、自然な感情で挨拶できるでしょうか。

いったい彼女は一日に何回「いらっしゃいませ」を言うのだろうと、僕は愕然《がくぜん》としました。

数百回、自然な感情で、つまり感謝や歓迎の気持ちで挨拶するなんてことは、断言しますが絶対に不可能なので（こういう労働を「感情労働」と呼びます）、彼女は、自分を守るために、「いらっしゃいませ」を「独り言」として繰り返すようになります。そうしないと壊れてしまうからです。人間的感情を手放して、自分をロボット化するのです。

もちろん、彼女を責めているのではありません。責めるべきは、こんな非人間的で不可能な感情労働を命じた雇用主です。

地方の空港に降りると、地上職員の女性が、一人一人に向かって「おつかれさまでした」と頭を下げています。

何百回、頭を下げるのだろうと、僕は、こういう接客マニュアルを作った偉い人を責めたくなります。心底、彼女達に同情するのです。

お前は何をグダグダと言っているんだと思った人もいるでしょうか。独り言の「いらっしゃいませ、こんにちは」はそんなに問題なのかと。

そう思った人に聞きますが、あなたは「いらっしゃいませ、こんにちは」と独り言で言われて嬉しいですか？　目も合わず、自分に来ない言葉を聞いて、ああ、歓迎されているとかフレンドリーだと感じますか？

悲劇なのは、コンビニでもデパートでも、雇用主は、顧客サービスだと思って導入していることです。

結果は正反対です。

「独り言」の挨拶など、お客さんは誰も嬉しくないのに従業員に負担をかけて続けさせているのです。

お客さんにも従業員にもマイナスなことをなぜ続けるのか。僕にはそれが不思議でしょうがないのです。

そんなことを言っても、バイト君達がちゃんとした接客をするためにはマニュアルが必要なんだよと、雇用主側は思っているでしょう。

僕もそのことには賛成します。海外から来た人や学生など、慣れてない人にはマニュアルが必要です。

ですから、作成したマニュアルが間違っているのです。人間の「話し言葉」という意識がまったくないのです。

ここにも、僕は首相の記者会見と同じで「演劇」との距離の遠さを感じます。

よく、若者が日本語を破壊していると言われたりしますが、違います。日本語を破壊しているのは、こういった「マニュアル敬語」を作成している企業です。

もし、企業の偉い人がテレビドラマだけじゃなくて、演劇も大好きで、よく演劇を見ていたら、「いらっしゃいませ、こんにちは」は、「説明セリフ」で、「人間が自然に言う言葉じゃない。『いらっしゃいませ』だけで充分なんだ」と気付いてくれたのにと、僕は演劇人としてとても残念に思うのです。

冗談と思うでしょうが、半分以上、本気です。

▼本気で人と話そうとしない日本社会

じつは、これだけ不自然なマニュアルが続いている根本の理由は、日本人が「社会」の人と本気で話そうとしていないことだと思っています。

僕の著作を読んでくれている人なら、僕が繰り返し「世間」と「社会」について書いていることをご存知でしょう。

「世間」とは、あなたと現在、または将来、関係がある人達です。職場とか学校とか隣近所で出会う人々です。

「社会」は、あなたと現在、または将来、何の関係もない人達です。同じ電車に乗っている人とか道を歩いている人とか。

私達日本人は「世間」に生きているので、自分と関係のない人達、つまり「社会」に生きる人達との会話に慣れてないのです。

「旅の恥はかき捨て」という情けない諺《ことわざ》は、旅で出会う「社会」は自分とは関係ない人達だから、好き勝手やっていいんだという考えです。

欧米だけではなくアジアのほとんどでも、エレベーターの中では、会釈したり、軽く「ハーイ」と会話します。そこにいる人達は、「社会」に属する人達ですが、狭い空間に閉じ込められているので、会話しないのは不自然と感じるのです。

ただ、日本人だけが黙ります。「社会」の人は無視するのが当たり前だからです。

日本に来た外国人は、駅の階段でベビーカーを抱えて階段を登っている女性を見て驚きます。

私の国だと、すぐに誰かが手伝うのにと。僕の知り合いの外国人達は、この風景に戸惑います。「東日本大震災の時に、暴動も起こらず、協力して壊れた道路をあっと言う間に直した日本人がどうして、ベビーカーの女性を手伝わないの？　日本人は優しいの？　冷たいの？　分からない」と。

でも、私達日本人はベビーカーの女性を手伝わない理由が分かりますよね。その女性は「社会」に属する知らない人だからです。もし、相手が「世間」に属する知り合いなら、日本人はすぐに手伝います。

「社会」の人には、どう声をかけたらいいか日本人は分からないし、慣れてないのです。だからこそ、「社会」の人には、「いらっしゃいませ、こんにちは」というコミュニケートしない言葉をかけても平気なのです。

紙幅の関係で、この話も詳しくはできないのですが（興味のある方は、『「空気」と「世間」』（講談社現代新書）か『「空気」を読んでも従わない』（岩波ジュニア新書）をどうぞ）、多様性の方向に進む現代では、自分と関係のない「社会」に生きる人達とうまくコミュニケートすることが、生き抜くためのスキルになると僕は思っています。

その時に求められるのは、崇高な目的を実現しようとする「説明セリフ」ではなく、自然な感情で語られる生の言葉なのです。

そのためには、「社会」の人に向けた言葉に対して、もっと敏感になる必要があると思っています。自分と違う人達とコミュニケートするには、結局、言葉しかないのですから。

第九章　演技の上達について

▼上達の秘訣《ひけつ》は場数《ばかず》

「どうしたら演技が上達しますか？」とよく聞かれます。僕は「場数です」と答えます。スピーチがうまくなるのも、話し上手になるのも、同じです。

「何回バッターボックスに立ったか」です。

一年に三回しかバッターボックスに立たない人は、ただ立つだけでドキドキしてしまいます。ヒットを打つどころではないのです。

まず、バッターボックスに立つことを普通のことにするために、数をこなすのです。

ただし、劇場だけがバッターボックスではありません。

何か面白いことを経験して、それを友人に喫茶店や居酒屋で話すのも、バッターボックスに立つことです。

「考えること」と「感じること」を同時に成立させながら、つまり、状況をちゃんと伝えながら、気持ちも入れて話すのです。

表現に慣れてない人は、いきなり、自分の気持ちだけを語ります。

「A子、鼻から牛乳出したの！　超笑える！」……なんて場合です。

まずは、全体の情報を渡します。

「A子とボウリングに行ったのね。そしたら、隣のレーンがイケメン君のグループでさ」

次に、中間を語ります。

「だんだん、話すようになって。A子、興奮してさ、イケメン君がストライクを出した瞬間に叫んだの。牛乳飲んでたのに」

そして、核心を語ります。

「最高のスマイルで『ストライク！』って叫んだら、鼻から牛乳がピューッと出て、一メートルぐらい飛んだの。超笑える！」

となります。

大きな状況説明から、中間の状況説明、そして、面白かった核心を、冷静にならず、ワクワクドキドキした気持ちのままで語るのです。「考えること」と「感じること」を両立させるのです。または、「ナチュラルな感情」と「意識的な表現」を同時に成立させるのです。

演技や表現は、スポーツと同じです。やればやるだけ上達します。逆に言えば、やらなければ、絶対に上達しません。

▼リーディング

ちゃんと人前で表現したいと希望した場合、最近はいろいろと機会が増えてきました。

場所としては、喫茶店やバーでの公演です。

観客は20人から50人ぐらいでしょうか。やってみれば分かりますが、たとえ5人の観客でも、ちゃんと見られているという意識は、表現を磨き、真剣勝負の公演になります。

もちろん、発表の場所として、道や公園でも可能ですが、これらはハードルが高いです。観客を最後までつなぎ止めておくのは、かなり大変なのです。

それよりは、とりあえずちゃんと見てくれる場所でやることをお勧めします。

そこで、いきなり演技する自信がないという場合、最近増えてきた「リーディング」という方法もあります。

台本を手に持って、俳優達が観客の前で読む公演です。多くの場合は、座って読みます。子供達に対する「読み聞かせ」も広い意味では「リーディング」です。

これもやってみれば分かりますが、人前で台本を読むということは、簡単なことではありません。逆に言えば、表現を磨く素敵なレッスンになるのです。

僕はロンドンのブッシュ・シアターで自作『トランス』のリーディング公演をしました。イギリス人俳優達には、事前に台本を渡しておいて、稽古は、当日、朝10時から夕方6時までの一回だけです。そして、夜8時から、観客の前で読みました。

この時は、観客の反応が良かったことから、劇場の芸術監督マイクは、『トランス』の正式な上演を決めました。つまりは、お試しの意味でのリーディング公演でした。

こういう、正式な上演をするかどうかを判断するためのリーディング公演もありますが、純粋に戯曲を楽しむためのものも多くあります。

「リーディング」という形式やバーや喫茶店での公演は、欧米では盛んですが、日本でももっと広がると、人々と演劇や表現の距離が縮まると期待しています。

▼演劇は必要か

もう10年以上前ですが、新国立劇場の芸術監督に文科省の偉い人が電話をして「演劇は必要ですか？」と聞いたことがありました。

乏しい予算をなんとかしようと頭を痛めて、ここはひとつ根本的なことを聞こうと思ったのでしょう。

その時の芸術監督は無難に演劇に理解を求めるように答えたようですが、どうして僕に電話をかけてくれなかったのかと、当時、週刊誌の連載エッセーで残念がりました。

「もし、僕が『演劇は必要ですか？』と聞かれたら、『必要じゃないと思います』と答えます。ただ、『バレエとかオペラも必要か？』と言ったら、必要じゃないですね。音楽も絶対に必要なものじゃないし、映画もそうでしょう。サッカーとか野球も必要じゃないでしょう。本当に必要なものは、米と味噌《みそ》、醬油《しょうゆ》とある程度の野菜と魚ですかね。服も寒さをしのげればいいし、家も寒さや雨露をしのげればいいですね。本当に必要なものはそんなものですと答えたと思います」なんてことです。

あの当時は、まだ半ば冗談でした。それが、深刻な問いかけになる時代が来るとは夢にも思いませんでした。

シアターコクーンの芸術監督である松尾スズキ氏は、2020年7月3日、「コロナの荒野を前にして」という文章を発表しました。7本の作品がコロナによって中止になったことを受けたものです。一部を抜粋します。

「演劇なんてなくても生きていけるし。

コロナ禍の中、ある演出家氏の発言を巡って、ある種の人々がそんなふうに言った。それは、ひきつりながらであるが、うなずけない話ではない。私だって、なくても生きていけるものはある。正直、オリンピックがなくても生きていけるし、パチンコ、競馬、ボウリング、なんならテレビだってなくてもネットがあるので生きていける。なくても生きていけるもので世の中は満ち溢れているし、おのれの戒めとして、しょせん、なくてもさほど他人が困らない仕事をしている、という忸怩《じくじ》たる思いは常に胸の中にある。というより、その自戒は私の表現の在り方の根幹にどんと大きく横たわっている。

（中略）

とはいえ、人間は、なくてもいいものを作らずに、そして、作ったものを享受せずにいられない生き物だとも私は思っている。生きるに必要なものだけで生きていくには、人間の寿命は長過ぎるのである。（中略）生半可な気持ちで『自分に必要ないものなどなくてもいい』とは、言い切れない。私は、少しでも長生きしたくてずいぶん前にタバコをやめたが、それでも、タバコがこの世からなくなればいいと思わないのは、タバコを欲する人のタバコ愛というのは並々ならぬものがあり、それに税収も馬鹿にならないし、と考えるからである。しょせん暇つぶし。しかし、人は命がけで暇をつぶしているのだ。」

名文だと思います。

モノを創る意味が凝縮した文章です。

僕もまた、演劇は「不要不急」のものだからこそ、魂を込めて創ろうと思っています。

終わりに

最後に、いろんな場所で演劇を創っている人達に向けて伝えたいことを話します。

アートには二つの方向があります。

左の図で言えば、山の頂点を引き上げる方向と裾野を広げていく方向です。

派手で目立つのは、山の頂点を引き上げる方です。けれど、裾野を広げることも、まったく同じぐらい重要なことなのです。

ヨーロッパの音楽学校には、たくさんの日本人がいます。ほとんどの人達は、一度、日本の音楽大学を出た後、留学しています。本当は、日本の音楽大学を出た時に、希望通りの就職ができたらヨーロッパに行く必要はないでしょう。

けれど、例えばピアノ科の卒業生だけでも、日本では毎年、何百人もいます。

全員が、オーケストラに就職したり、CDを出したり、コンサートで生活できたりするわけではありません。それどころか、そんな仕事ができるのは、何年、あるいは十何年に一人のレベルでしょう。

多くの人がピアノ教室の先生になります。

けれど、演劇と違い、音楽大学でピアノ科に進んだ人達は、幼い頃から十何年もピアノを続けています。

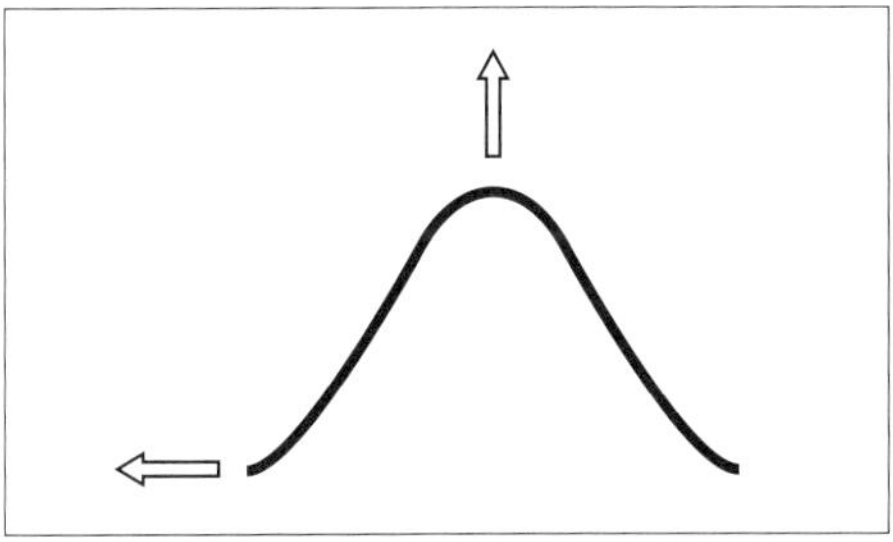

それは、まさに頂点を目指すレッスンです。

一方、ピアノ教室の先生は、裾野を広げる仕事です。

15年以上、ピアノを続けた卒業生が、裾野を広げるという仕事よりも、頂点を目指したいと海外に出る気持ちはよく分かります。

そのまま、頂点を引き上げる一人になれれば素敵ですが、そうなれない人達の方がはるかに多いです。

結果としてピアノ教室の先生になった時に、残念ですが、裾野を広げる仕事をバカにしたり、軽く見てしまう人がいます。

けれど、私達がピアノの素晴らしさを知ったのは、頂点の人達、つまり世界的ピアニストのコンサートやCDでしょうか？

僕は、街のピアノ教室の先生から、ピアノの楽しさを教えてもらいました。学校の音楽の先生にもです。

ほとんどの人達にとって、初めてピアノの楽しさを教えてくれたのは、裾野を広げる努力をしている人達ではないでしょうか。

私達にとって、それがピアノそのものなのです。

このことを先に、スポーツ業界が気付きました。

昔、例えば、街のバレーボール教室で指導している人達は、全日本レベルを目指して頑張った人達でした。

結果、子供達への指導も厳しくなりました。頂点を目指す練習を子供達にも課したのです。

そして、バレーボール教室をやめていく子供達が続出しました。子供達はただバレーボールを楽しみたいだけで、誰も全日本に出場したいなんて思ってなかったからです。

バレーボール人口がどんどん減って、バレーボール業界は先細っていきました。結果として、頂点を目指す方向も伸ばせなくなりました。

やがて、頂点を高くするためには、豊かな裾野がないとダメだということに気付いたのです。

それから、スポーツ業界は、指導方法を変えました。頂点を目指す指導と、裾野を広げスポーツそのものを楽しんでもらう指導は、まったく違うと分けたのです。

考えてみれば当然のことです。

頂点を引き上げる仕事と裾野を広げる仕事は、まったく同じ重要性があります。

プロが一流でアマチュアが二流ではないし、プロには存在意義があって、アマチュアは自己満足でもないのです。

ですから、もし、あなたが社会人劇団やアマチュア劇団、市民ミュージカル、演劇部などに参加しているのなら、それは、観客にとって初めて出会う演劇そのものなのです。

そこには、演劇の裾野を広げるという、重要な役目があるのです。

自治体がマラソン大会を主催すると、クレームの電話がかかってくることがあります。「税金を使ってマラソン大会なんか開いていいと思ってるのか。野口みずきとか高橋尚子クラスのオリンピックのマラソン選手が出なかったら、税金のムダだろう」というものです。

それに対して、スポーツ界は「いいえ、私達は市民のみなさんに走る楽しみを知ってもらいたいのです。走ることがどれほど精神と身体の健康にいいかを。結果として、オリンピッククラスの選手が出るかもしれませんし、出ないかもしれません。それは、問題ではないのです」と胸を張って答えます。

けれど、市民ミュージカルを後援する自治体に、「ちゃらちゃらしたミュージカルみたいなものに税金使っていいと思ってるのか？　有名な俳優が生まれなかったら税金のムダだろ」というクレームが入ると、援助や補助を取りやめたり、減額してしまう所があります。

クレームを入れる人は、頂点を目指す方向と裾野を広げる方向を勘違いしているのです。

「いいえ、私達は、市民のみなさんに声と身体を使って表現することの喜びを体験して欲しいのです。創作におけるコミュニケーションの重要性も。将来のスターが生まれれば素敵ですが、それは結果で、生まれなくても何の問題もありません」と胸を張って答えるべきなのです。

そして、本当の最後に、この文章を紹介します。決して忘れてはいけない言葉だと思いますから。

コロナの自粛の時、世界的に有名になったスティーブン・キングの言葉です。

「If you think artists are useless try to spend your quarantine without music, books, poems, movies and paintings」（もし、あなたがアーティストはこの世にムダなものだと思うのなら、自粛の期間、音楽や本や詩や映画や絵画なしで過ごしてみて下さい）

もっとも、この言葉の中に演劇は入っていません（笑）。いえ、文句ではありません。自粛の期間、劇場の演劇は死ぬしかなかったということです。

けれど、ずっと書いてきたように演劇は劇場だけではありません。

友達との会話はもちろんですが、たった一人の頭の中にも、「書簡演劇」のレベル2の演劇はあります。

どんな演劇も、とびきり楽しいものだということを信じて、僕はこれからも演劇を創り続けていきたいと思います。

千秋楽の打ち上げの時、スピーチを求められると僕はいつもこう言って終わります。

「いろいろありましたが、とにかく、こうして千秋楽を迎えられたことを、演劇の神様に感謝。乾杯」

あなたに演劇と幸福な出会いがありますように。

鴻上尚史（こうかみ しょうじ）

作家・演出家。一九五八年愛媛県生まれ。早稲田大学在学中の八一年に劇団「第三舞台」を結成。「朝日のような夕日をつれて'87」で紀伊國屋演劇賞団体賞、「スナフキンの手紙」で岸田國士戯曲賞。戯曲集「グローブ・ジャングル」で読売文学賞受賞。日本劇作家協会会長も務めるなど日本の演劇界を牽引。『不死身の特攻兵』（講談社現代新書）などのベストセラーも。

集英社新書一〇七二F

演《えん》劇《げき》入《にゅう》門《もん》 生《い》きることは演《えん》じること

二〇二一年六月二二日 第一刷発行
二〇二四年六月 八 日 第三刷発行

著者……鴻上尚史《こうかみしょうじ》

発行者……樋口尚也

発行所……株式会社集英社

東京都千代田区一ツ橋二―五―一〇 郵便番号一〇一―八〇五〇

電話 〇三―三二三〇―六三九一（編集部）
〇三―三二三〇―六〇八〇（読者係）
〇三―三二三〇―六三九三（販売部）書店専用

装幀……原 研哉

印刷所……大日本印刷株式会社 TOPPAN株式会社

製本所……加藤製本株式会社

定価はカバーに表示してあります。

ISBN 978-4-08-721172-6 C0274

集英社新書　好評既刊

文芸・芸術――F

小説家という職業	森 博嗣
美術館をめぐる対話	西沢 立衛
オーケストラ大国アメリカ	山田 真一
証言 日中映画人交流	劉 文兵
荒木飛呂彦の奇妙なホラー映画論	荒木飛呂彦
あなたは誰？ 私はここにいる	姜 尚中
フェルメール 静けさの謎を解く	藤田 令伊
司馬遼太郎の幻想ロマン	磯貝勝太郎
GANTZなSF映画論	奥 浩哉
世界文学を継ぐ者たち	早川 敦子
あの日からの建築	伊東 豊雄
至高の日本ジャズ全史	相倉 久人
荒木飛呂彦の超偏愛！映画の掟	荒木飛呂彦
水玉の履歴書	草間 彌生
ちばてつやが語る「ちばてつや」	ちばてつや
日本映画史110年	四方田犬彦
読書狂《ビブリオマニア》の冒険は終わらない！	三上 延 倉田 英之
文豪と京の「庭」「桜」	海野 泰男
アート鑑賞、超入門！ 7つの視点	藤田 令伊
荒木飛呂彦の漫画術	荒木飛呂彦
世阿弥の世界	増田 正造
ヤマザキマリの 偏愛ルネサンス美術論	ヤマザキマリ
テロと文学 9・11後のアメリカと世界	上岡 伸雄
漱石のことば	姜 尚中
「建築」で日本を変える	伊東 豊雄
子規と漱石 友情が育んだ写実の近代	小森 陽一
安吾のことば 「正直に生き抜く」ためのヒント	藤沢 周 編
いちまいの絵 生きているうちに見るべき名画	原田 マハ
松本清張「隠蔽と暴露」の作家	高橋 敏夫
私が愛した映画たち	吉永小百合 取材・構成 立花珠樹
タンゴと日本人	生明 俊雄
源氏物語を反体制文学として読んでみる	三田 誠広
堀田善衛を読む 世界を知り抜くための羅針盤	池澤夏樹 ほか

a pilot of wisdom

三島由紀夫　ふたつの謎　大澤真幸
慶應義塾文学科教授　永井荷風　末延芳晴
レオナルド・ダ・ヴィンチ　ミラノ宮廷のエンターテイナー　斎藤泰弘
モーツァルトは「アマデウス」ではない　石井　宏
「井上ひさし」を読む　人生を肯定するまなざし　小森陽一／成田龍一　編著
百田尚樹をぜんぶ読む　杉田俊介／藤田直哉
北澤楽天と岡本一平　日本漫画の二人の祖　竹内一郎
音楽が聴けなくなる日　宮台真司／永田夏来／かがりはるき
谷崎潤一郎　性慾と文学　千葉俊二
英米文学者と読む「約束のネバーランド」　戸田　慧
苦海・浄土・日本　石牟礼道子　もだえ神の精神　田中優子
万葉百歌　こころの旅　松本章男
拡張するキュレーション　価値を生み出す技術　暮沢剛巳
最後の文人　石川淳の世界　田中優子／小林ふみ子ほか
職業としてのシネマ　髙野てるみ
演劇入門　生きることは演じること　鴻上尚史
ドストエフスキー　黒い言葉　亀山郁夫

完全解説ウルトラマン不滅の10大決戦　古谷　敏／やくみつる／佐々木徹
文豪と俳句　岸本尚毅
EPICソニーとその時代　スージー鈴木
ショパン・コンクール見聞録　青柳いづみこ
市民オペラ　石田麻子
新海誠　国民的アニメ作家の誕生　土居伸彰
書く力　加藤周一の名文に学ぶ　鷲巣　力
死ぬまでに知っておきたい日本美術　山口　桂
「鬱屈」の時代をよむ　今野真二
ゲームが教える世界の論点　藤田直哉
シャンソンと日本人　生明俊雄
永遠の映画大国　イタリア名画120年史　古賀　太
江戸の芸者　近代女優の原像　赤坂治績
反戦川柳人　鶴彬の獄死　佐高　信
ハリウッド映画の終焉　宇野維正
死後を生きる生き方　横尾忠則
永遠なる「傷だらけの天使」　山本俊輔／佐藤洋笑

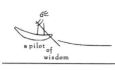

はじめての動物倫理学
田上孝一　1060-C

いま求められる人間と動物の新たな関係を肉食やペットなどの問題を切り口に、応用倫理学から問う。

日本再生のための「プランB」 医療経済学による所得倍増計画
兪 炳匡　1061-A

一%の富裕層ではなく、残りの九九%を豊かにするための画期的な方法を提示。日本の新たな姿を構想する。

ヘイトスピーチと対抗報道
角南圭祐　1062-B

街頭デモやネット上の差別の実態を明らかにし、報道の在り方を考える「ヘイトスピーチ問題」の入門書。

最後の文人 石川淳の世界
田中優子／小林ふみ子／帆苅基生／山口俊雄／鈴木貞美　1063-F

知的自由を体現した孤高の作家、石川淳。五名の識者の解説を通し、その作品と「絶対自由」の世界に誘う。

MotoGP 最速ライダーの肖像
西村 章　1064-H

モーターレーシングの最高峰、MotoGP。命懸けのレースに参戦した一二人のライダーの姿を描きだす。

スポーツする人の栄養・食事学
樋口 満　1065-I

「スポーツ栄養学」の観点から、より良い結果を出すための栄養・食事術をQ&A形式で解説する。

職業としてのシネマ
髙野てるみ　1066-F

ミニシアター・ブームをつくりあげた立役者の一人である著者が、映画業界の仕事の裏側を伝える。

免疫入門 最強の基礎知識
遠山祐司　1067-I

免疫にまつわる疑問をQ&A形式でわかりやすく解説。基本情報から最新情報までを網羅する。

世界の凋落を見つめて クロニクル2011-2020
四方田犬彦　1068-B

東日本大震災・原発事故の二〇一一年からコロナ禍の二〇二〇年までを記録した「激動の時代」のコラム集。

ある北朝鮮テロリストの生と死 証言・ラングーン事件
羅鍾一／永野慎一郎・訳　1069-N〈ノンフィクション〉

全斗煥韓国大統領を狙った「ラングーン事件」実行犯の証言から、事件の全貌と南北関係の矛盾に迫る。